EDISON VEIGA

Essa tal PROCLAMAÇÃO da REPÚBLICA

Ilustrações
MARCELEZA

2ª impressão

PANDA BOOKS

Diretor editorial
Marcelo Duarte

Diretora comercial
Patth Pachas

Diretora de projetos editoriais
Tatiana Fulas

Coordenadora editorial
Vanessa Sayuri Sawada

Assistente editorial
Olívia Tavares

Projeto gráfico e diagramação
Gabriel Lovato
Alexandre Santana de Paula

Revisão
Ana Maria Barbosa
Telma Baeza G. Dias
Alessandra Miranda de Sá

Impressão
Forma Certa

CIP – BRASIL. CATALOGAÇÃO NA FONTE
SINDICATO NACIONAL DOS EDITORES DE LIVROS, RJ

V528e

Veiga, Edison
Essa tal Proclamação da República / Edison Veiga. – São Paulo: Panda Books, 2009.

1. Brasil – História – Proclamação da República, 1889. 2. Brasil – História – 1822-1889. I. Título.

09.2183.

CDD: 981.04
CDU: 94(81)"1889"

2018
Todos os direitos reservados à Panda Books.
Um selo da Editora Original Ltda.
Rua Henrique Schaumann, 286, cj. 41
05413-010 – São Paulo – SP
Tel./Fax: (11) 3088-8444
edoriginal@pandabooks.com.br
www.pandabooks.com.br
Visite nosso Facebook, Instagram e Twitter.

Aos queridos
Matheus e **Deco**,
que logo, logo estarão
lendo isto aqui.

VALEU, PESSOAL!

Quero aproveitar para agradecer aos professores de História que desde cedo atiçaram minha curiosidade. Em especial ao xará Edison, ao grande Marcelo e ao Eugênio, que além de tudo é padre.

Um obrigadão, também, ao colega jornalista Filipe Vilicic, exímio repórter e bom camarada. Ele me ajudou bastante na pesquisa inicial que tive de desenvolver.

Aos meus amigos perenes, principalmente os que entendem meus surtos de misantropia.

Ao pessoal da Panda Books, pelo projeto em si, pela aposta atual, e por tudo o que ainda iremos fazer juntos.

Gratidão eterna aos meus pais, Edison e Rose, que sempre me deram livros, e à minha irmã, Laís, que soube conviver com eles por tempo o bastante.

Um beijo sempre apaixonado à Mariana. Ela me deixou ter uma estante enorme dentro de casa. E me ajuda se as coisas estão complicadas. E comemora comigo quando a vitória está garantida. Obrigado por sorrir para mim, por mim e — completamente — comigo.

SUMÁRIO

PROCLAMAÇÃO?
REPÚBLICA?

Cristóvão Colombo

NEM É PRECISO TER IDO À ESCOLA para saber que Cristóvão Colombo colocou o ovo em pé, Pedro Álvares Cabral descobriu o que não estava coberto, dom João VI trouxe a turma toda para viver na colônia de férias tropical, e seu filho, dom Pedro I, disse ao povo que ficaria. E ficou.

Pedro Álvares Cabral

Por isso, quando resolvi escrever sobre a Proclamação da República, logo imaginei que todo mundo aqui — levanta a mão! — já tivesse ouvido algo sobre o assunto. Ainda que seja somente porque dia 15 de novembro é feriado e não tem aula (êêêêêêêêêêêêê!).

Dom João VI

Este não é um livro de História, com H maiúsculo. É um livro de histórias, todas minúsculas. Mas a soma delas irá ajudar a compreender um pedacinho da História do Brasil. Por isso convido-o, amigo leitor, a me acompanhar nas páginas que vêm por aí. Será uma verdadeira viagem ao século XIX, quando não existia internet, televisão, *rock-and-roll*, nem o seu avô.

Antes de tudo, o que é PROCLAMAÇÃO?

Fui olhar lá no pai dos burros, o dicionário. Que na verdade é pai dos inteligentes, porque todo inteligente é curioso e não dorme com uma palavra desconhecida na cabeça — vai lá, confere e, assim, enriquece seu vocabulário. Bom, diz o dicionário:

> ☛ **proclamação**
> [Do lat. *proclamatione.*]
> **Substantivo feminino.**
> 1. Ato ou efeito de proclamar.
> 2. Proclama.

Odeio quando isso acontece. O dito-cujo verbete não explica nada com nada. Para não ficar na mesma, corri lá para "proclamar":

☞ proclamar

[Do lat. *proclamare.*]

Verbo transitivo direto.

1. Anunciar em público e em voz alta.
2. Publicar, promulgar, decretar.
3. Afirmar com ênfase.

Verbo transobjetivo.

4. Eleger, aclamar.

Verbo pronominal.

5. Fazer-se aclamar; arvorar-se em.
6. Apresentar-se, mostrar-se, inculcar-se como.

Ufa! Melhorou. Agora já dá para entender que, no tal dia do feriado, a República foi anunciada em público, decretada, afirmada.

Só falta entender...

... o que é REPÚBLICA?

☞ república

[Do lat. *republica* < lat. *res publica*, "coisa pública".]

Substantivo feminino.

1. Organização política de um Estado com vista a servir à coisa pública, ao interesse comum.
2. Sistema de governo em que um ou vários indivíduos eleitos pelo povo exercem o poder supremo por tempo determinado.
3. O país assim governado.
4. Grupo de estudantes que residem na mesma casa.
5. Essa casa.
6. *Fam.* Associação, agremiação, onde impera a desordem.

Como sempre vivemos (alguém aqui tem mais de 120 anos?) em um sistema republicano de governo, nem damos bola pra isso. É como se, pra gente, não existisse outra forma de governar. Então, o sentido mais legal de república acaba parecendo os itens 4, 5 e 6 do dicionário. É aquela casa bagunçada onde muitos jovens moram quando estão fazendo faculdade em outra cidade, longe dos pais e das regras familiares.

Mas o significado que nos interessa aqui neste livro (aaaaaaahhhh) é o de sistema de governo mesmo. Porque no dia 15 de novembro de 1889 o Brasil deixou de ser governado por uma Monarquia, um imperador, para se tornar republicano. Tudo bem que, em se tratando da nossa pátria amada, as coisas foram meio tortas (pra variar).

Dom Pedro I

O Brasil foi o único país do continente americano que, quando se tornou independente, não ganhou, de brinde, a República. Foi uma independência meio estranha, convenhamos, já que continuamos sendo chefiados por um português (dom Pedro I) que, ainda por cima, era filho do rei portuga que mandava aqui antes. Parece piada de português, né?

Isso tudo porque tivemos uma peculiaridade histórica, que foi a mudança, de mala e cuia, do então rei de Portugal, dom João VI, para cá, em 1808, fugido das tropas de Napoleão — que dominava a Europa. Então, quando anos mais tarde ele foi obrigado a retornar para lá, deixou este país de presentinho para seu filho Pedro, o dom Pedro I.

Como a Independência acabou saindo por meio do próprio dom Pedro I, sem guerra, sem revolução, sem uma só gota de sangue, continuamos monarquistas. E, em 1889, éramos o único país da América do Sul que ainda não tinha se tornado republicano.

Quadro *Independência ou morte*, Pedro Américo, 1888

A MEGA-BALADA

O BAILE DA ILHA FISCAL foi a última balada do Império. E que balada!

Ilha Fiscal, foto de Marc Ferrez

No dia 9 de novembro de 1889, um sábado, os salões do palácio da Ilha Fiscal, na baía de Guanabara — inaugurado no início do ano como sede do serviço marítimo da alfândega —, abrigaram o maior baile da história do Império brasileiro.

A festa foi um presente que o presidente do Conselho de Ministros, visconde de Ouro Preto, ofereceu aos oficiais do navio chileno *Almirante Cochrane*, que havia um mês tinha chegado ao país, com trezentos tripulantes.

Há quem diga que chegaram a cinco mil os convidados para a boca-livre. Um banquete que, de acordo com os jornais da época, consumiu:

- 800 quilos de camarão;
- 1.300 frangos;
- 500 perus;
- 64 faisões;
- 1.200 latas de aspargos;
- 20 mil sanduíches;
- 14 mil sorvetes;
- 2.900 pratos de doces;
- 10 mil litros de cerveja;
- 304 caixas de vinho, champanhe e outras bebidas.

O governo teve uma despesa de 250 contos de réis, cerca de 10% do orçamento anual da província do Rio de Janeiro. Essa dinheirama equivaleria a 8,9 milhões de reais.

Seis bandas e orquestras animaram a festança. A iluminação era um luxo para a época: setecentas lâmpadas elétricas e um holofote com potência de sessenta mil velas — metade da utilizada para iluminar a torre Eiffel, inaugurada naquele mesmo ano, em Paris.

Toda a ilha foi enfeitada com bandeiras brasileiras e chilenas, e dez mil lanternas.

O baile estava marcado para as 20h30. Dom Pedro II, fardado de almirante, a imperatriz Teresa Cristina e o príncipe Pedro Augusto chegaram às 22 horas. Logo depois vieram a princesa Isabel, com uma coroa de brilhantes na cabeça, e seu marido, o conde D'Eu.

As más-(e engraçadas)línguas contam que, ao chegar ao salão, dom Pedro II desequilibrou-se e levou um tombo. Ao se levantar, acalmou a todos, bem-humorado.

* * *

O monarca escorregou, mas a Monarquia não caiu!

E, de acordo com um jornal carioca, quando a balada acabou, a equipe de limpeza encontrou muito mais que garrafas e copos quebrados espalhados pelo chão. Peças íntimas femininas como oito raminhos de corpete, três coletes de senhora e 17 ligas dão uma ideia da, digamos, animação da festa. Também teriam sido perdidos 16 chapéus, nove dragonas, 13 lenços de seda, nove de linho e 15 de cambraia.

Fato é que, enquanto a família imperial se divertia na maior festa já dada por aqui, os republicanos estavam reunidos no Clube Militar. Benjamin Constant discursava, tramando a derrubada da Monarquia.

Na Ilha Fiscal, os convidados não sabiam, mas a balada não tinha muito o que comemorar. Era o último suspiro do Império.

Dom Pedro II

FOTOGRAFIA AMARELADA

ENQUANTO A FESTA ROLAVA SOLTA na Monarquia, o povo vivia uma situação bem diferente. A população no Brasil era de apenas 14 milhões de pessoas — metade tinha menos de vinte anos. A industrialização estava bem no comecinho. Eram apenas 636 estabelecimentos.

Havia dez mil telefones — engenhoca, aliás, trazida por dom Pedro II — em funcionamento. Funcionando muito mal, é bem verdade... Mas quem não reclama da internet hoje em dia?

E, se achamos absurdo ter 10,5% da população analfabeta, imagine só 85%! Pois esse é o tamanho da fatia brasileira que não sabia nem ler nem escrever quando a República foi proclamada.

Herança portuguesa

A verdade é que o Rio de Janeiro se deu bem quando a família real portuguesa mudou-se para a cidade. O século XIX começou com grandes progressos para a então capital brasileira.

Afinal, para bem receber a corte portuguesa, um mínimo de infraestrutura acabou sendo criada. Construíram-se novos hospitais, quartéis e igrejas, o primeiro banco foi fundado — o Banco do Brasil, em 12 de outubro de 1808 —, bem como o Jardim Botânico, a Biblioteca Real — atualmente, Biblioteca Nacional — e a Academia Real Militar — hoje chamada de Academia Militar das Agulhas Negras.

Os seriados

Machado de Assis

Em um tempo em que não existia televisão, adivinha qual era a principal diversão da turma? Ler folhetins. Ao menos para quem sabia ler, né?

Pois bem. Eles foram os antecessores das novelas e dos seriados. Tudo que era jornal publicava, um capítulo por vez. Os autores eram uns caras de que você nunca ouviu falar, tipo Machado de Assis (1839-1908), sabe?

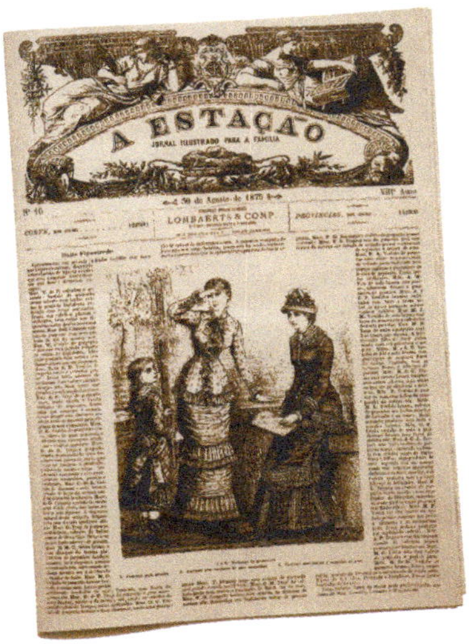
A ESTAÇÃO

Revista *A Estação*

Na época, ele dedicava-se a escrever *Quincas Borba*, que saía na revista *A Estação*. Os folhetins deixaram de ser publicados por quatro meses, causando grande expectativa nos leitores que acompanhavam a série.

Apesar de fazer certo sucesso, Machado era visto como estranhão pelos críticos literários da época. Araripe Júnior, um deles, disse em 1883 sobre o romance *Memórias póstumas de Brás Cubas*: "É o livro mais esquisito que se tem publicado em língua portuguesa". Outro, Capistrano de Abreu, chegou a questionar se aquilo poderia ser considerado um romance.

A vida nem sempre foi das mais fáceis para o escritor. Ele era mulato, filho de um pintor de paredes e de uma lavadeira, tinha epilepsia e gaguejava.

O *hit* do momento

Carlos Gomes

No meio musical quem mandava bem era o maestro Carlos Gomes (1836-1896). O cara ganhava aplausos até na Europa.

Seu maior sucesso foi a ópera *O guarani*, baseada no romance de José de Alencar (1829-1877). Um estouro nas bilheterias fez com que ele se tornasse conhecido e ganhasse dinheiro.

Talvez por sacada comercial, em sua montagem de *Lo schiavo* ("O escravo"), dois meses antes da Proclamação da República, ele decidiu que o personagem principal seria índio, e não negro. O público achou aquilo meio ridículo.

Enfim, o mar não estava para peixe nessa fase de Carlos Gomes. O maestro vivia uma zica danada. *Lo schiavo* iria estrear não no Rio, mas em Bolonha, na Itália. Só que por causa de uma briga por direitos autorais com o autor do libreto da ópera, a Justiça italiana proibiu a apresentação.

Aqui no Brasil, Carlos Gomes contou com uma forcinha do imperador dom Pedro II e da princesa Isabel para conseguir colocar no palco seu espetáculo.

Nas baladas...

Chiquinha Gonzaga

O requebrado da moda era o maxixe, uma dança bem safadinha para os costumes do século XIX. Pernas entrelaçadas, corpos colados... Um prenúncio da pegação.

Mas o que pegou mesmo foi o ritmo, contagiante. Todos os salões de festa eram embalados por canções desse tipo. A mais famosa compositora, sem dúvida, foi Chiquinha Gonzaga (1847-1935), abolicionista e republicana até a espinha.

Vamos a *la playa*?

Ninguém tinha o hábito de entrar no mar para se divertir. Era, na verdade, uma recomendação médica a alguns doentes. Nada de ser programa de lazer, descanso, curtição de verão. O imperador dom João VI, por exemplo, quando viveu no Brasil, tomava banhos de mar por ordens de seu doutor. E odiava.

A partir da segunda metade do século XIX, os cariocas passaram a gostar da ideia de entrar no mar. Mas havia algumas regrinhas, principalmente para as mulheres:

Trajes de banho do século XIX

- Só se devia entrar na água antes das 7 horas da manhã — depois, a praia ficava cheia de pescadores e gente estranha, o que tornava a aventura muito perigosa.
- As roupas tinham de ser grandes. As mulheres jamais poderiam mostrar as linhas do corpo. Então os maiôs eram enormes — maiô é modo de dizer: eram blusões com calças de tecido grosso —, sempre azul-escuros, com golas.

Torcer? Apostar? Paquerar!

Futebol? Que nada! Em 1889, o Brasil era a terra do turfe!

Os três hipódromos cariocas ficavam lotados nas tardes de domingo. Os homens, digníssimos cavalheiros, usavam sobrecasacas inglesas, cartolas, e carregavam sempre binóculos. As mulheres desfilavam elegantemente com seus chapéus e vestidos longos.

No fundo, ninguém dava muita bola para os cavalos que corriam na pista — a não ser aqueles viciados mesmo numa aposta. O importante era aproveitar o lado social da coisa: a paquera rolava solta.

Dar um rolê? Só se for de bonde

Os primeiros bondes surgiram na cidade em 1868. Popularizaram-se muito e, na época da Proclamação da República, eram o meio de transporte mais utilizado. E qual era o combustível deles? A boa e velha força animal. Sim, eles eram puxados por burros ou cavalos.

Só na década de 1890 é que apareceram os primeiros bondes elétricos. Era a modernidade!

Nessa época também surgiu a iluminação elétrica no Rio. A rua do Ouvidor foi a primeira a trocar o gás pela energia elétrica.

O visconde maluco

Em 1886, o Rio de Janeiro recebeu a visita de um nobre francês, o visconde de Courcy. Ele ficou espantado com o calorzão tropical e achou que o centro da cidade não tinha uma boa ventilação. Então lançou uma bizarra proposta: que tal derrubar o Pão de Açúcar para melhorar a circulação do ar?

Felizmente, ninguém o levou a sério.

Bom, este capítulo foi só um panorama para você, caro leitor, saber o que rolava no nosso Brasilzão do século XIX.

Rio de Janeiro, foto de Marc Ferrez, 1889

MAS PORQUE A REPÚBLICA ACONTECEU ?

PARA O BEM E PARA O MAL, as coisas nunca acontecem de uma hora para outra. Sempre há causas. Portanto, não fique pensando que a República foi proclamada porque em um belo dia o tal marechal Deodoro se cansou de dom Pedro II.

O movimento republicano no Brasil foi consequência, em maior ou menor grau, de uma série de burburinhos que vinha pipocando no século XIX.

A crise e a "salvação da lavoura"

A principal atividade econômica brasileira, desde o Descobrimento até essa época, era a agricultura. Começou quando éramos colônia de Portugal e continuou no Império.

Era um tripé que nunca mudava: monocultura (exploração de um único produto), latifúndios (aquelas enooooooooormes fazendas) e escravismo (bom, acho que não preciso explicar).

Isso não era nada bom para os cofres nacionais. Afinal, pense bem: quando você depende de um único produto, se há algum probleminha com ele, babau lucros. E, sim, o forte do Brasil sempre era uma coisa só — em cada época.

Quando oficialmente nos tornamos independentes de Portugal, estávamos na pindaíba — o país encontrava, no mercado internacional, concorrentes mais fortes na produção de açúcar, arroz, algodão, tabaco, couros e peles.

Foi quando surgiu a "salvação da lavoura". O café começou a ser plantado no Brasil no século XVIII e, a partir dos anos 1830, virou a galinha dos ovos de ouro.

Plantação de café

Tudo isso deslocou o centro econômico do Nordeste — onde a cana-de-açúcar era cultivada em maior quantidade — para o Sudeste, principalmente Rio de Janeiro e São Paulo. E criou-se uma nova elite, uns caras abonados que eram conhecidos como "barões do café".

Os sujeitinhos gostavam era da badalação das cidades. Muitos moravam em casarões na avenida Paulista, por exemplo, e só iam às vezes ver a plantação. Esses hábitos urbanos serviram como ponto de troca de ideias republicanas e abolicionistas.

Escravos livres

Quer coisa mais retardada que escravidão? Pois, na época, as pessoas achavam tão normal que chegavam a considerar os escravos uma subespécie, algo naturalmente inferior ao ser humano. Ridículo.

E ter um monte de escravo era sinal de riqueza e poder. Fato é que esses trabalhadores não remunerados ajudaram a construir o Brasil. Afinal, tudo o que dependia de esforço braçal era feito por eles.

Quando a Lei Áurea foi assinada, em 13 de maio de 1888, o país tinha duzentos mil escravocratas, donos de um total de setecentos mil escravos. E essa canetada da princesa Isabel foi o auge de um dos maiores problemas da Monarquia.

Bom, primeiro é preciso deixar claro que a abolição dos escravos não aconteceu, evidentemente, de supetão. Vamos entender desde o comecinho.

Pena dourada usada pela princesa Isabel para assinar a Lei Áurea

Com o aumento da cafeicultura, a necessidade de mão de obra era cada vez maior. E a mão de obra, na metade do século XIX, era não remunerada: escravos. Só que a Inglaterra, um dos países que mais tinham influência sobre o Brasil, fazia uma campanha enorme contra a escravidão.

Não, não pense que essa campanha acontecia porque os ingleses eram bonzinhos. A Inglaterra foi o primeiro país a se industrializar. Escravo não tem dinheiro, escravo não compra. Então os gringos fizeram de tudo para que o mundo todo tivesse mão de obra assalariada. Quem recebe salário, tem dindim no fim do mês para gastar. E era o que a Inglaterra queria. Entendeu a lógica?

Toda essa pressão fez com que fosse assinada, em 1850, a Lei Eusébio de Queirós, que não proibia a escravidão, mas tentava matar o mal pela raiz: acabava com o tráfico de negros da África para o Brasil.

A medida teve duas consequências imediatas: a primeira é que provocou um tráfico interno de escravos. Regiões mais ricas do país começaram a trazer negros de outras províncias — pelo menos como solução de curto prazo.

O outro lado foi bem bacana. Como os ricões deixaram de investir em escravos, sobrou dinheiro para movimentar a economia. Pela primeira vez o Brasil teve um surto de desenvolvimento urbano, já que os abonados começaram a botar grana no comércio e numa pequena e principiante indústria.

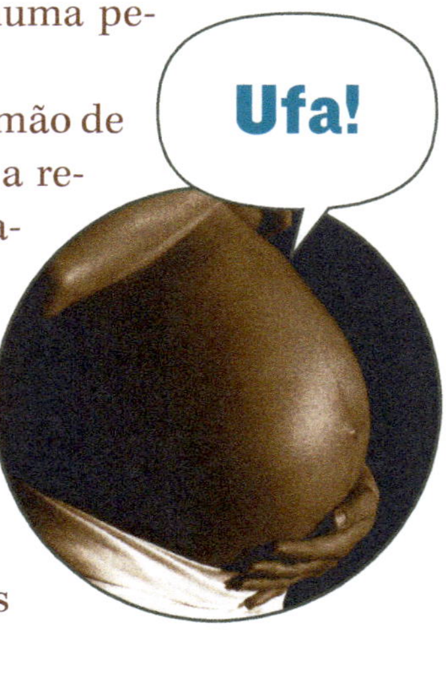

Bom, para os cafeicultores, logo surgiu outra mão de obra. Levas de migrantes italianos vieram para a região Sudeste e passaram a trabalhar para os barões do café.

Em 1871, nova lei deu mais um passo na direção da liberdade aos escravos: a do Ventre Livre. Os filhos das escravas nascidos a partir dessa data não poderiam mais ser escravos.

O terceiro *round* veio em 1885, com a Lei do Sexagenário. Por meio dela, eram considerados livres todos os escravos com mais de sessenta anos. Difícil mesmo era o pobre coitado chegar aos sessenta anos depois de ficar a vida toda trabalhando pra caramba sem ganhar nada — e muitas vezes sendo maltratado.

O último golpe contra a escravidão veio em 13 de maio 1888, com a Lei Áurea. Bom, a consequência acabou sendo desastrosa para a Monarquia. Os donos de escravos não receberam nada de indenização pelas "propriedades" que acabavam de perder.

Ou seja: de repente, o Império ganhou mais um bando de inimigos. E os republicanos, que não tinham nada com isso, viram seu time engrossado com reforços de peso. Esse grupo ficou conhecido como "os republicanos de 14 de maio".

Ficou claro o problema da Monarquia? Vamos simplificar e imaginar que havia duas correntes na sociedade da época: uma meio atrasadinha e a outra modernosa.

Os atrasadinhos eram os fazendeiros tradicionais, escravocratas e defensores do Império. Os modernosos, chegados no que tinha de novo nas correntes ideológicas europeias, queriam porque queriam a República.

Quando ocorreu a abolição da escravidão, quem defendia a Monarquia mudou de lado.

Ao mesmo tempo em que a princesa Isabel entrou para a história com sua canetada, ela sacramentou a saída de toda a família imperial da história.

Briguinha de altar

Sabe aquela história de ensinar o padre a rezar a missa? Pois no tempo do imperador era quase como se ele realmente pudesse fazer isso. É que o Brasil não era um Estado laico, como é hoje, em que a Igreja não tem nada a ver com o governo — e vice-versa.

Pela Constituição de 1824, a religião católica era a oficial do Estado. Ou seja: o Império pagava os salários dos padres, bispos, e mantinha a estrutura toda. Acha estranho?

Pois a coisa ia mais longe. O governo tinha dois poderes sobre a Igreja: o padroado — que significava criar cargos eclesiásticos — e o beneplácito — que estabelecia que os documentos lá do Vaticano, determinados pelo papa, só seriam cumpridos no Brasil se o imperador quisesse. Mais que estranho, era bizarro.

Essa organização toda fazia com que os atritos entre a Igreja e o Estado fossem comuns. A maior briguinha deles aconteceu em 1871, quando foi aprovada a Lei do Ventre Livre.

Símbolo maçom

Muitos padres eram maçons. A maçonaria é uma sociedade secreta que existe até hoje. Bulas papais da época a acusavam de anticatólica e proibiam seus fiéis de participar dela. Mas, sim, você leu certo: muitos padres eram maçons, por mais incoerente que isso possa parecer.

Daí que, quando a Lei do Ventre Livre foi aprovada, um padre católico fez um discurso em uma loja maçônica, elogiando a postura do presidente do Conselho de Ministros, também maçom. Isso mesmo, muitos poderosos também eram maçons. Esse elogio foi público. O discurso saiu nos jornais e tudo. Aí o bispo achou que a coisa tinha passado dos limites. Ser maçom, tudo bem, vá lá, fazia-se vista grossa e pronto. Mas o padre precisava colaborar ficando mais na dele, né?

O bispo deu um puxão de orelhas no padre. Afastou-o das celebrações e das confissões. O cenário estava armado: uma briga entre a maçonaria e a Igreja Católica, que desencadeou uma campanha para que os religiosos deixassem a organização.

A reação aconteceu em cadeia. O auge foi quando, em 1874, dois bispos, considerados "empregados públicos", foram condenados pelo Supremo Tribunal a quatro anos de prisão.

No ano seguinte acabaram perdoados. Mas isso não deixou de transformar o imperador dom Pedro II numa figura antipática aos católicos mais fervorosos.

Há quem acredite que tal episódio foi um dos que ajudaram a derrubar a Monarquia. Nem tanto! Os católicos não se articularam em um movimento grande e organizado. Foram apenas reações esparsas.

Todos contra os paraguaios

Selo com o rosto de Francisco Solano López

O maior e mais sangrento conflito armado internacional que aconteceu na América do Sul foi a Guerra do Paraguai. Durou seis anos, de 1864 a 1870, e deixou um bando de viúvas em todos os países envolvidos.

O ditador paraguaio Francisco Solano López começou a botar as manguinhas de fora. Queria porque queria que seu país também tivesse praia. E não era para curtir o verão, não. A saída para o oceano Atlântico, por meio dos rios da Bacia do Prata, seria utilizada comercialmente, para transportar cargas que entrassem e saíssem do país.

Ele começou a colocar seu plano em prática com a invasão das terras brasileiras. Mato Grosso foi a primeira vítima. Depois, Corrientes, na Argentina. O próximo alvo seria o Rio Grande do Sul.

Ouriçados, Argentina, Brasil e Uruguai decidiram formar uma bandinha. Quer dizer, uma reunião de forças — a Tríplice Aliança. Aí não teve pra ninguém.

Bom, mas a coisa não foi tão fácil assim. O Exército paraguaio era organizadinho e meio que se preparou para a guerra. O brasileiro, xéééé. Pra variar, deixaram tudo para a última hora.

Os soldados brasileiros que lutaram na Guerra do Paraguai não eram profissionais. Eram os chamados "voluntários

da Pátria", cidadãos recrutados para as batalhas. Muitos eram escravos mandados pelos fazendeiros, sem nenhum treinamento e com zero de preocupação patriótica.

Com o fim da guerra, uma das principais consequências para o Brasil foi justamente a organização de um exército forte e unido, que teria papel fundamental na Proclamação da República.

Tem também uma história, que você já deve ter ouvido falar, de que o Paraguai seria uma potência econômica na América do Sul, desenvolvida, industrializada, sem analfabetos etc. etc. etc. E que a guerra destruiu a nação que no futuro se tornaria a mais rica do hemisfério sul, entre as mais ricas do mundo. Culpa nossa, culpa nossa.

Entretanto, historiadores de hoje acreditam que isso foi um mito que acabou sendo criado e mantido. O Paraguai era pobre e agrícola, e não tinha essa de ser o bambambã, não.

Mas lá no comecinho eu falava em bando de viúvas. Calcula-se que, dos seiscentos mil paraguaios que viviam na época, 20% (120 mil) morreram. Na maioria, homens.

A doença da guerra

A cólera é uma doença que, infelizmente, existe até hoje. É transmitida por meio de água contaminada. Dá uma diarreia desgraçada e, se a vítima não for tratada, acaba morrendo, em metade dos casos, de tanta desidratação.

Quando os combatentes contaminados utilizavam os córregos e rios como banheiro, acabavam deixando as bactérias ali na água, que outros vinham e tomavam... Enfim, o efeito foi devastador.

Do lado brasileiro, lutaram lá 160 mil soldados. Pouco mais de cem mil teriam voltado.

Os argentinos perderam 18 mil combatentes. Os uruguaios, três mil.

A morte nem sempre era causada pelas batalhas. Má alimentação das tropas e péssimas condições de higiene matavam, e muito. Dizem que o maior carrasco da guerra foi a cólera — a doença mesmo, que não tem a ver com a cólera, a raiva dos guerreiros.

Cutucaram os militares com vara curta

Com a Guerra do Paraguai, o Exército brasileiro se organizou e cresceu. Muita gente subiu rápido na vida. Soldados viraram oficiais.

A guerra acabou e os que sobreviveram voltaram se achando. Agora eles também queriam participar da política, dar seus pitacos no rumo do país. Eram heróis. Estavam com tudo. Eram os caras. Tinham orgulho do que haviam feito e achavam que podiam muito mais.

O governo começou a atender aos seus pedidos. Melhorou os salários, organizou a carreira... Embora alguns oficiais estivessem próximos da política, deixavam claro que seu compromisso maior era com os colegas, e não com o governo.

A gota d'água veio em 1884, com um discurso do coronel Antônio de Sena Madureira. Havia uma lei que proibia os militares de se manifestar em assuntos políticos, mas o tal coronel defendeu o fim da escravidão. E não era a primeira vez que metia o bedelho onde não era chamado. No ano anterior, ele tinha dito que não concordava com uma nova lei que determinava contribuição obrigatória ao montepio dos militares.

Bom, a punição veio. Sena Madureira foi transferido da Escola de Tiro do Rio de Janeiro, da qual era comandante, para a Escola Preparatória de Rio Pardo, no Rio Grande do Sul.

Isso provocou um rebuliço entre os militares. Pipocavam discussões polêmicas aqui e ali. O Ministério da Guerra teve de agir: proibiu que os militares publicassem sua opinião na imprensa.

Em 1885, um coronel ligado ao Partido Liberal descobriu corrupção em um quartel do Piauí e denunciou o comandante de lá. O cara era do Partido Conservador. A questão militar acabou se transformando em questão política.

A tensão só aumentou. E, com ela, os militares se uniram cada vez mais. Estavam se afirmando como uma equipe sólida, que jogaria firme anos mais tarde, durante a Proclamação da República.

Auguste Comte

Ordem e progresso

O positivismo, teoria sociológica do francês Auguste Comte, virou modinha em alguns grupos intelectuais da época. Aqui, no Brasil, era ensinado principalmente por Benjamin Constant, professor da Escola Militar.

Em linhas gerais, era um método que valorizava mais a observação do que a imaginação. Comte resumia suas ideias em sete palavras: real, útil, certo, preciso, relativo, orgânico e simpático — todas eram definições de "positivo".

Para o pensador, o positivismo era uma "religião da humanidade", onde Deus seria substituído por uma humanidade racional e evoluída. Ele acreditava que a melhor forma de governo seria a ditadura republicana — dá para sacar por que os militares ficaram gamadões nessas ideias...

A teoria valorizava o ser humano, a paz e a concórdia universal. O lema principal era: "O amor por princípio, a ordem por base, o progresso por fim". Um resuminho disso aí, "ordem e progresso", você já deve ter visto em algum lugar, né?

Ideias de paulista

Com o café, São Paulo começava a ter uma elite urbana, afinada com as modernidades da época. Muitos elitizados defendiam a República como o que havia de mais interessante em termos de organização política de um país. Era o tema nas rodinhas antenadas da cidade.

Avenida Paulista (SP), foto de Guilherme Gaensly, 1902

No Rio também existiam esses grupinhos. Em 1870, os cariocas fundaram o Partido Republicano — considerado a primeira organização partidária com tais ideias. No mesmo ano, Quintino Bocaiúva redigiu um manifesto que teve a assinatura de 58 correligionários.

A força máxima veio quando, em 1873, os paulistas fundaram o seu partido. O Partido Republicano Paulista (PRP) nasceu com 133 filiados — 78 deles fazendeiros.

Enquanto os cariocas defendiam a República e a abolição dos escravos, os paulistas acrescentavam uma palavrinha mágica a tudo isso: o federalismo. Ou seja: queriam um governo mais descentralizado, com as províncias (os estados da época) tendo mais liberdade e poder. E os caras ficavam com um pé atrás nesse negócio de abolicionismo. Até topavam, mas preocupados em como substituir a mão de obra escrava.

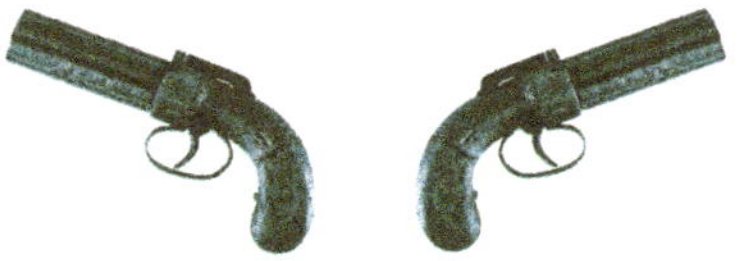

Atentado contra dom Pedro II

Em 15 de julho de 1889, o imperador dom Pedro II sofreu um atentado. Ele saía do Teatro Santana, após um espetáculo, na companhia da imperatriz. Na carruagem, ouviram um grito de "Viva a República" e um tiro. Só susto, ninguém se machucou.

O autor do atentado, um português de vinte anos chamado Adriano do Vale, não tinha nenhuma ligação com os republicanos. Dom Pedro II achou melhor esquecer a história e perdoou o sujeito.

Deu pra sentir que as coisas não iam nada bem para a Monarquia. Era só questão de tempo para darem cabo do imperador.

Largo São Bento (SP), início do século XX

O TAL DIA HISTÓRICO

UMA HORA DESSAS você já deve estar louco para saber o que aconteceu no dia 15 de novembro de 1889. Houve guerra? Grandes batalhas? O povo correndo feito doido pelas ruas? O rei foi morto?

Comemoração de um ano da República em frente ao palácio do Governo (RJ)

Reencenação da Proclamação, Campo de Santana (RJ), 1894

Bom, na verdade, sinto informá-lo de que não teve nada disso. O único que levou tiros foi o ministro da Marinha, o barão José da Costa Azevedo. Dois, para ser mais exato. Um deles, na bunda.

Mas vamos à história.

Na noite de quinta-feira, dia 14, nem o mais atento brasileiro poderia imaginar que 24 horas depois o país seria republicano.

O imperador dom Pedro II, 63 anos, apelidado maldosamente de "Pedro Banana", estava lá no palácio de Petrópolis, fugindo do calorão carioca. Antes de dormir, dizem que escreveu um soneto, como costumava fazer.

O marechal Deodoro da Fonseca, 62 anos, que seria o primeiro presidente do Brasil, andava em Andaraí, na casa do irmão, o médico João Severiano. Deodoro sofria de arteriosclerose e sentia muita falta de ar.

Quem é que ia supor que pouco tempo depois ambos estariam fazendo praticamente as mesmas coisas, mas com o Brasil de pernas para o ar?

No dia seguinte, dom Pedro II não escrevia um poema, e sim uma carta em que aceitava a ordem de deixar o país com a família.

Deodoro, já o homem mais poderoso do Brasil, chefe do governo provisório, ia para a cama com os mesmos sintomas da véspera.

O dia 15 foi cheio de confusão. Os líderes, inclusive Deodoro, pareciam não se entender muito. A cidade se encheu de boatos, e muitos militares entraram na bagunça sem nem ter ideia do que estavam fazendo.

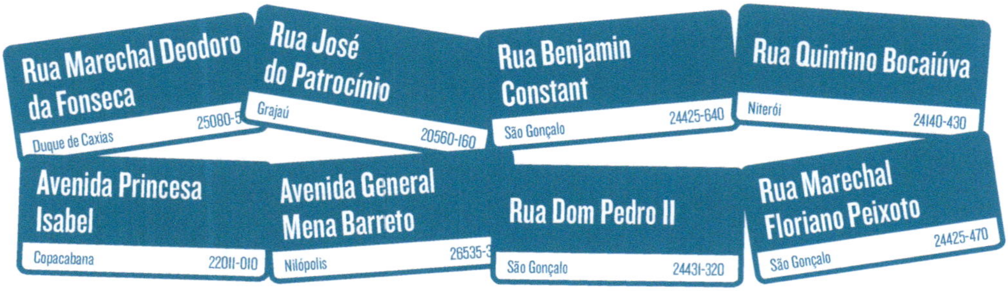

Uma cascata inesquecível

O enredo tinha tudo para parecer um filme de ação. Mas praticamente virou uma dessas comédias-pastelão da Sessão da Tarde. E quase todos os personagens hoje são nome de rua.

Acredita que muitos dos seiscentos militares que foram para as ruas do Rio de Janeiro proclamar a República nem sabiam o que estavam fazendo?

Na tarde de quinta-feira, dia 14 de novembro, o major Frederico Sólon de Sampaio Ribeiro saiu da sede do Ministério da Guerra. Ele estava bem preocupado. Tinha acabado de receber ordens para transferir dois grupos, o 9º Regimento de Cavalaria e o 2º de Artilharia do quartel São Cristóvão para o da praia Vermelha. Para quem vê de fora, parece uma bobagenzinha. Mas era um obstáculo a mais para que desse certo a conspiração que ele tramava desde o início do mês. Afinal, a praia Vermelha ficava mais longe do centro do Rio do que São Cristóvão. E esses dois regimentos eram os mais mobilizados contra o governo. Entendeu o tamanho da bobagenzinha?

Um pouco antes da reunião com o Ministério, o major havia conversado com o tenente-coronel Benjamin Constant Botelho de Magalhães, professor de Matemática na Escola Militar. Acharam por bem adiar um pouco os planos.

Mas não foi o que aconteceu. Parado ali em frente ao Ministério, ainda atordoado, Sólon teve uma lampadazinha — inventada dez anos antes por Thomas Alva Edison — piscando em suas ideias.

Decidiu espalhar um boato. Um trote planejado. Foi direto para a rua do Ouvidor, o lugar mais movimentado do Rio de Janeiro daquela época, cheio de cafés e redações de jornais, e começou a contar às rodinhas que o governo tinha acabado de mandar prender o marechal Deodoro da Fonseca e o tenente-coronel Benjamin Constant. Um ooohhhhhhhhhh geral.

E tinha mais, continuou o cascateiro Sólon: várias tropas estavam sendo transferidas para o interior do país e quem iria ser responsável pela ordem na capital seria a Guarda Negra — organização criada pelo vereador José do Patrocínio, abolicionista, integrada por ex-escravos! Imagine: um país recém-saído da escravidão tendo o poder militar nas mãos de ex-escravos. A Guarda, como apoiava a princesa Isabel, foi utilizada algumas vezes para acabar com comícios republicanos.

Com toda essa bagunça, o major Sólon queria era derrubar o visconde de Ouro Preto, Affonso Celso de Assis Figueiredo. O cara, monarquista até a alma, tinha ocupado diversos cargos públicos e era, na época, o presidente do Conselho de Ministros do Império. O chefão. O bambambã.

Por causa da cascata espalhada por Sólon, as tropas militares iriam odiar o visconde. E sairiam às ruas para derrubá-lo.

Era um risco grande. Se tudo desse errado, Sólon amargaria o fim de sua carreira.

Em briga de visconde e militar...

A seu favor, havia um histórico de briguinhas entre o visconde e alguns militares. Meses atrás, o oficial de guarda do Ministério da Fazenda, o tenente Pedro Carolino, tinha sido preso por ordem do visconde, que dizia que ele dormia em serviço. Depois, o ministro da Guerra demitiu, por desacato, o tenente-coronel João Nepomuceno de Medeiros Mallet do comando da Escola Militar do Ceará. Benjamin Constant foi suspenso do cargo de professor, e seus alunos, punidos por terem se manifestado contra o ministro da Guerra. Por último, o 22º Batalhão de Infantaria acabou transferido para a Amazônia porque tinha protestado em solidariedade a Benjamin Constant.

Tudo isso deixou os militares agitados. Mais que isso, revoltados. O problema é que faltava um líder, alguma figura que conseguisse botar ordem nessas ideias republicanas que cresciam.

Na Escola Superior de Guerra, em São Cristóvão, e na Escola Militar, na praia Vermelha, o movimento tinha muitos admiradores, por causa de Benjamin Constant. Mas ele não poderia ser o líder, uma vez que os cadetes das escolas não eram muito bem-vistos pela tropa. E Benjamin Constant não tinha influência nenhuma sobre ela.

Deodoro, o líder

Deodoro da Fonseca

Os oficiais revoltosos acharam que a melhor figura para ser esse líder era o marechal Manoel Deodoro da Fonseca. Então um grupo foi lá convencê-lo, no dia 4 de novembro, a se render à causa republicana.

Não foi fácil. O sobrinho do marechal, o tenente Clodoaldo da Fonseca, precisou entrar na história para conseguir marcar a reunião. Deodoro os recebeu na cama, doente. Ele sofria de arteriosclerose, uma doença que tem como principais causas a idade avançada e o aumento do colesterol. Por isso sempre sentia crises de falta de ar.

Os militares disseram a ele que o visconde de Ouro Preto pretendia reorganizar a Guarda Nacional — corpo militar formado e armado por homens ricos no interior do país — e fortalecer a polícia no Rio para colocá-las contra o Exército.

— Só mesmo se mudarmos a forma de governo — concluiu Deodoro.

Os militares olharam um para o outro, sem acreditar no que ouviam. Aquilo era tudo o que queriam.

Então o capitão Antônio Mena Barreto perguntou se poderiam começar a organizar o movimento, para conseguir mais adeptos. O marechal concordou.

Saíram da casa de Deodoro e logo já estavam reunindo forças. Conversaram com o jornalista Quintino Bocaiúva, líder do Partido Republicano Brasileiro, e com o advogado Aristides Lobo. Do estado de São Paulo, lembraram-se do advogado Manuel Ferraz de Campos Sales, que cuidou de deixar os paulistas por dentro do que acontecia.

Havia dois grupos. Um, mais radical, cheio de civis, que falava em República. A maioria dos militares queria apenas derrubar o visconde de Ouro Preto, não a Monarquia.

No dia 11, Deodoro recebeu Quintino Bocaiúva e Aristides Lobo, atendendo ao pedido de outro sobrinho, o capitão Hermes da Fonseca. Dessa reunião saíram todos com uma certeza: era preciso proclamar a República e só o marechal tinha liderança suficiente para isso.

— Eu queria acompanhar o caixão do imperador, que está idoso e a quem respeito muito. Mas o velho já não regula — disse Deodoro. — Então, que leve a breca a Monarquia. Façamos a República.

Levar a breca é algo como "ir para o beleléu".

Em cima do muro

Benjamin Constant, que também participava do encontro, lembrou do poderoso marechal Floriano Peixoto, segundo posto na hierarquia do Ministério da Guerra. Deodoro deixou todos tranquilos. Contou que uma vez Floriano lhe disse que não se meteria em coisa nenhuma para derrubar ministérios, mas estaria pronto para derrubar a Monarquia.

No dia seguinte, Deodoro teve um encontro com Floriano. A conversa foi meio torta, meio atravessada. Floriano acabava de ouvir de um marechal o plano de um golpe militar. Pela sua posição, tinha duas alternativas: entrar para o time ou mandar prender Deodoro por conspiração. E não é que o espertinho arranjou uma terceira solução? O famoso "em cima do muro".

Fez assim: para Deodoro, insinuou que concordava, sem se comprometer a ajudar. Do outro lado, mandou uma carta ao Ministério na manhã de quinta-feira, 14 de novembro. Dizia que "Vossa Excelência deve ter conhecimento de que tramam algo por aí além. Não dê importância, confio na lealdade dos chefes".

O presidente do Conselho de Ministros, visconde de Ouro Preto, ficou preocupado. Queria saber, principalmente, se Deodoro estava envolvido na trama.

O velhinho andava mal

À tarde, começava o boato do nosso amigo cascateiro Sólon. Benjamin Constant estivera com Deodoro e o velhinho estava mal. Tanto que, quando se encontrou com Aristides Lobo, deu-lhe a notícia:

— Creio que ele não amanhece. Se morrer, a revolução está gorada.

Do jeito que a coisa andava, Benjamin Constant temia pela própria pele. Afinal, naquela altura do rebuliço, se a República não vingasse ou ao menos o visconde não fosse derrubado, os civis até que poderiam se salvar. Mas os militares sofreriam todas as consequências.

O boato de que Benjamin Constant tinha sido preso chegou até Quintino Bocaiúva. Ele enviou um mensageiro — motoboy da época — ao Clube Naval, onde imaginava que o tenente-coronel estivesse. A resposta veio:

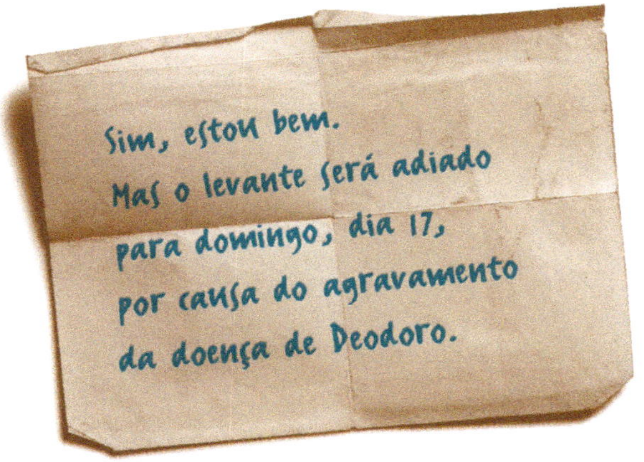

Sim, estou bem.
Mas o levante será adiado
para domingo, dia 17,
por causa do agravamento
da doença de Deodoro.

Quintino deve ter soltado algum palavrão, porque ele achava que não tinha essa de adiar o rebuliço. Procurou o cascateiro Sólon. E os dois acertaram que, azar do Deodoro e do Benjamin Constant, "vamos em frente".

O visconde anda a pé mas o lerdão é Floriano

Havia três núcleos de movimentação política:

- as tropas rebeladas, em São Cristóvão, nos quartéis e na Escola Militar;
- o marechal Deodoro, que, de volta da casa do irmão, estava em seu sobrado no Campo de Santana;
- e o visconde de Ouro Preto, em sua casa, perto da estação de trem São Francisco Xavier, onde recebeu as primeiras notícias da conspiração.

Um pouco antes da meia-noite, o chefe de polícia, conselheiro José Basson de Miranda Osório, ligou para o visconde informando que o 1º Regimento de Cavalaria, revoltado, havia pegado em armas. O visconde nem esperou que o mandassem buscar. Foi indo a pé mesmo até encontrar, pelo caminho, a viatura que ia buscá-lo em casa.

Passou pelo Quartel de Cavalaria Policial, onde havia apenas quarenta praças e dois oficiais, e seguiu para a Secretaria de Polícia.

E a coisa se complicou ainda mais. O visconde sentiu que a resistência ao golpe não tinha começado com a força necessária para o tamanho do caso. Essa, digamos, timidez, era por causa de Floriano Peixoto — aquele que lá atrás havia ficado em cima do muro, lembra?

Ele teve um comportamento lerdão em todas as suas atitudes naquele dia. Quando soube do movimento, por exemplo, não prendeu o capitão que veio lhe dar a notícia da revolta em nome da organização.

— Por quê? — perguntou o visconde, já perdendo a paciência.

— Para ganharmos tempo — tentava justificar Floriano.

Pelo seu raciocínio, Floriano explicava que, se o capitão não voltasse ao quartel, os revoltosos saberiam que ele teria sido preso e atacariam o governo antes que este pudesse bolar uma maneira de reagir.

O visconde de Ouro Preto foi ao arsenal da Marinha, para uma reunião às pressas. Floriano foi para o quartel-general.

Acordados em plena madruga

O visconde levou 15 minutos para acordar o porteiro, chamar o inspetor e conseguir que o responsável pela guarnição se apresentasse. Enquanto aguardava os colegas de ministério, tratou de enviar um telegrama ao imperador dom Pedro II, que estava em Petrópolis, contando a ele tudo o que acontecia.

No quartel-general, Floriano recebeu o tenente-coronel João Batista da Silva Teles, e não deu nenhuma ordem. Não, não mandou prendê-lo. Apenas recomendou cuidado e disse que gostaria de falar com Deodoro e Benjamin Constant.

Oficiais foram até a casa de Constant, no Campo de Santana, para avisá-lo. Surpreenderam-no de pijama, dormindo pesado. Nem bem se vestiu e já gritava, animado:

— Preparemo-nos para vencer ou morrer! Guardemos o último cartucho para saltar nossos miolos caso sejamos infelizes na luta contra o governo infame.

Sua mulher, Maria Joaquina, deu-lhe um sobretudo civil para que escondesse a farda e embrulhou seu quepe em um jornal.

Escola Militar da praia Vermelha

— Caso a polícia o pare, diga que é um médico indo visitar um paciente — recomendou ela.

Ainda de madrugada, Constant organizou tudo. Mandou seu cunhado, o tenente Bittencourt Costa, à casa de Deodoro. E seu irmão, o major Marciano Botelho de Magalhães, ficou encarregado de agitar os alunos da Escola Militar da praia Vermelha.

Acordado, Deodoro não quis acreditar no recado que recebia:

— É mentira! Isso não passa de uma cilada do governo! — gritou.

Avisaram-no de que a mensagem vinha de Benjamin Constant. Ele mudou de atitude na hora:

— Ah, foi ele? Então é verdade.

Levantou-se com dificuldade, vestiu a farda, colocou um revólver no bolso e os arreios de sua montaria num saco de lona. Nem levou espada, porque não aguentava o peso dela. Sua mulher, Mariana, ficou fula. Não queria deixá-lo sair naquele momento, naquele estado. Não teve jeito. Ele foi.

Por volta das 7 horas da manhã, o visconde de Ouro Preto chegou ao quartel-general. Era o rato encontrando a ratoeira.

Dom Pedro II recebeu a mensagem do visconde na manhã de sexta, dia 15. Tomou a atitude mais "sem noção" para um chefe de Estado prestes a perder o poder. Nem ligou. Continuou seu dia como se nada tivesse acontecido.

A primeira batalha

Em São Cristóvão, o burburinho já tinha tomado conta da Escola Superior de Guerra. Todos os sessenta cadetes estavam armados, com revólveres, carabinas e espadas, à espera das ordens de Benjamin Constant.

Os três regimentos da 2ª Brigada também ficaram no jeito. Dezesseis canhões foram providenciados e estavam prontos.

Marchava na sequência o 9º Regimento de Cavalaria, a pé por falta de cavalos, comandado pelo major Sólon — aquele da boataria. Eles levavam carabinas Winchester, arma nova no Exército, que ninguém sabia usar direito.

No total, eram cerca de seiscentos homens — mais de 450 praças, cinquenta oficiais e sessenta alunos da Escola Superior de Guerra.

A tropa ia mal-armada e mal informada. Os líderes não disseram aos soldados nada sobre derrubar a Monarquia.

No meio do caminho, encontraram-se com o marechal Deodoro da Fonseca. Ele foi aplaudido e saudado pelos militares e passou a acompanhá-los, de dentro de seu carro. Mandou um capitão e oito soldados para fazer o reconhecimento do Campo de Santana.

Voltaram dizendo que do lado de fora do quartel-general estavam a Polícia e a Marinha. Exército e Corpo de Bombeiros, dentro. As tropas, de qualquer forma, seguiam em posição de descanso.

Cambaleando, com muita dificuldade, Deodoro saiu do carro e montou em um cavalo. Mandou que o cortejo continuasse. Perto do Campo de Santana encontraram um primeiro grupo de policiais e oficiais da Marinha, prontos para combater o golpe. Quando viram Deodoro, ficaram sem saber o que fazer.

— Então não me prestam continência? — perguntou o marechal, severo.

Todos lhe apresentaram armas. Sem nenhum tiro, a revolta republicana ganhava a primeira batalha.

Enfim, tiros

De dentro do QG, o visconde notou que os revoltosos circulavam pelo Campo de Santana sem que ninguém se aproximasse deles. Achou um absurdo e falou com Floriano. Não aconteceu nada. Então chamou o general Almeida Barreto, comandante da 2ª Brigada, e mandou que ele fosse lá fora e desse um jeito naquilo.

O que o visconde não sabia era que, dias antes, Barreto havia combinado para atuar junto com os revoltosos. O general foi até perto do grupo, fingindo que iria atacá-los, mas na prática não fez nada. Também não se definia logo em colocar suas tropas a serviço de Deodoro. Tamanha indecisão fez com que o marechal o xingasse com um sujo palavrão.

Dentro do QG, Floriano Peixoto continuava na sua lenga-lenga, andando de um lado para o outro, falando com vários oficiais e evitando o visconde de Ouro Preto.

Às 8 horas da manhã as tropas de Deodoro se colocaram à frente dos portões do quartel. O marechal enviou o tenente-coronel Silva Teles para uma conferência com o visconde. Deixaram-no entrar, a pé e sozinho. O visconde ficou vermelho de raiva:

— Conferência? Pois o marechal Deodoro, não tendo recebido do governo nenhum comando militar, aqui se apresenta à frente de força armada, em atitude hostil, e pretende conferenciar?

O visconde ouviu tiros e pensou que iria ter início uma verdadeira batalha sangrenta.

"Ai, minha bunda"

Estava errado. Lá fora, o ministro da Marinha e barão de Ladário, José da Costa Azevedo, puxou o gatilho de seu revólver e atirou contra Deodoro. Duas vezes. Nenhum tiro acertou o marechal. Em sua defesa dois tenentes dispararam contra o barão.

— Não matem esse homem — gritou Deodoro.

O ministro levou dois tiros, e foi socorrido ali por perto. De bonde, o levaram até sua casa. Nada muito grave.

A tomada do QG

No QG, o visconde apelava, pela última vez, para Floriano. Decidiu provocá-lo, testar mesmo se ele tinha um pingo de vergonha na cara. Lembrou-o da Guerra do Paraguai e ordenou que as armas de Deodoro e sua turma fossem tomadas à força. Ele negou qualquer ação. Alegou que era brasileiro (não desistiria nunca) e não poderia lutar contra soldados do próprio país.

Foi quando o visconde de Ouro Preto entendeu que não havia mais nada a fazer.

E outro sobrinho de Deodoro entrou na história. O capitão Pedro Paulo Fonseca Galvão, de dentro do QG, facilitou tudo para que as tropas revoltosas entrassem no quartel.

Deodoro conversou com Floriano e foi chamado até o primeiro andar, onde estava o visconde.

— Vossa Excelência e seus colegas estão demitidos por haver perseguido o Exército — começou a discursar ao visconde de Ouro Preto. — Os senhores não têm nem nunca tiveram patriotismo. Patriotismo tem o Exército, e disso deu provas exuberantes durante a campanha no Paraguai.

O visconde ouviu tudo sem interromper. Depois, disse a Deodoro:

— A vida política, senhor general, tem também os seus dissabores. E a prova disso tenho agora, enquanto sou obrigado a ouvi-lo.

Unidades militares reconstituem a Proclamação, Campo de Santana (RJ), 1894

E a República?

Deodoro demitiu os ministros que formavam o governo. Ordenou que o visconde e o ministro da Justiça, Cândido de Oliveira, fossem presos e deportados para a Europa. E o imperador?

— Tem minha dedicação, sou seu amigo, devo-lhe favores: seus direitos serão respeitados e garantidos. Vou encaminhar uma lista de nomes do novo ministério a dom Pedro II.

Da República, Deodoro não disse uma só palavra.

Floriano ainda pediu ao marechal que os dois ministros depostos não fossem presos. Deodoro concordou e encerrou a conversa.

Que fim mais chinfrim para uma revolução, não é mesmo?

E a República, hein?!

O Campo de Santana era uma festa que só vendo. A multidão de militares, civis republicanos e curiosos se amontoou sem economizar vivas nem aplausos a Deodoro. O capitão Antônio Adolfo Mena Barreto teve um piripaque e desmaiou.

Embora alguns saudassem a República, o marechal mesmo não tocava no assunto. Houve um zum-zum-zum de gente que achava que aquela era a hora certa e o local para a sonhada Proclamação. Benjamin Constant cochichou algo ao Deodoro. Ele garantiu que a "causa havia triunfado" e disse que a manifestação de "viva a República" poderia ficar com o povo.

O major Sólon embirrou. Disse que só iria guardar sua espada se ouvisse o marechal proclamar a República. Alguns afirmam que, nesse momento, Deodoro teria dado um "viva a República". Ninguém garante.

Deodoro liderou então os militares até o centro da cidade. Queria ir até o arsenal da Marinha, para saber como tinham recebido a notícia da queda do visconde de Ouro Preto.

Os cariocas não entendiam muito bem o que estava acontecendo. Muitos paravam para observar aquela estranha movimentação militar. Difícil mesmo era Deodoro, caquético como estava, manter-se, com postura militar, em seu cavalo.

O primeiro calote

Vendo que estava tudo certo com a Marinha, Deodoro mandou todo mundo voltar para suas bases. E ele próprio foi para a cama, em sua casa.

Parte dos civis que acompanhou tudo decidiu tomar uma numa taverna, para comemorar. O republicano José Lopes da Silva Trovão, que estava com 11 mil-réis no bolso, pagaria a rodada. Como a conta ficou em quarenta mil-réis, o dono do boteco amargou o prejuízo. A primeira festinha da República já começava com calote.

Vitória ou derrota?

No início da tarde, o tenente-coronel Benjamin Constant percebeu como a situação era estranha. O movimento podia ser considerado vitorioso e derrotado ao mesmo tempo. Vitorioso porque o Exército conseguiu "lavar a honra", recuperando o prestígio ganho lá na Guerra do Paraguai. Derrotado porque, ora bem, lá estava dom Pedro II voltando de Petrópolis em direção ao seu palácio. Eram 15 horas e ninguém ali falava em República.

O tenente-coronel encontrou o jornalista republicano Aníbal Falcão com um grupo de amigos na rua do Ouvidor e pediu que agitassem o povo.

— A República ainda não está proclamada — disse.

A ajudinha de Patrocínio

O vereador José do Patrocínio, odiado pelos republicanos por ser ligado à Guarda Negra, por mais estranho que possa parecer, era republicano. Ele convocou uma sessão da Câmara.

E os vereadores acabaram aprovando uma estranha moção, escrita, às pressas, por Aníbal Falcão:

— O povo, reunido em massa na Câmara Municipal, fez proclamar, na forma da lei ainda vigente [...], após a revolução que aboliu a Monarquia no Brasil, o governo republicano. Convencidos de que os representantes das classes militares, que virtualmente exercem as funções de governo no Brasil, sancionarão este ato, esperam os abaixo-assinados a pronta e imediata Proclamação da República.

Adivinha qual era o tamanho desse "povo, reunido em massa"? Não mais que cem pessoas.

Na janela de Deodoro

Republicanos pegaram logo esse papel na Câmara e correram para interromper, mais uma vez, o descanso do doente Deodoro. O marechal tinha os pés inchados, sentia muita falta de ar e não saiu da cama. Benjamin Constant foi quem apareceu na janela e ouviu, de José do Patrocínio, a história que tinha acabado de acontecer na Câmara.

Surpreso, Constant ficou meio sem saber o que dizer. Lembrou que um governo provisório iria convocar uma Assembleia Constituinte para que a nação pudesse escolher a forma definitiva de governo.

Não pense que o tenente-coronel estava ficando em cima do muro, como Floriano Peixoto. Ele agiu assim porque era um pacifista. Na certa, queria que a República não fosse proclamada à força, pelo Exército. Por isso, pedia um pouco de paciência.

Mulher disputada

Mas, neste país de tantas trapalhadas, adivinha como é que a República veio de fato? Graças a uma decisão de dom Pedro II, o próprio imperador.

No palácio, o imperador mandou chamar o visconde de Ouro Preto. Aceitou sua renúncia e concordou em nomear o senador Gaspar Silveira Martins para o cargo.

Sabe quem era o gaúcho Silveira Martins? Inimigo ferrenho de Deodoro, desde o tempo em que o marechal servira no Rio Grande do Sul. E a briga, veja só, era por causa de mulher. Os dois eram gamados na baronesa do Triunfo, uma viúva muito bela. E ela acabou preferindo Silveira Martins, para o ódio eterno do marechal Deodoro.

Silveira Martins também nunca engoliu muito bem a história. Tanto que não perdia a oportunidade de criticar, no Senado, a conduta do marechal. Contestava suas habilidades profissionais e o chamava de indisciplinado.

Foi por isso que, quando soube, já à noite, que dom Pedro II tinha nomeado Silveira Martins para chefiar o ministério, Deodoro decidiu que era a hora da República. Cogitou-se fazer um encontro entre o marechal e o imperador, mas Deodoro negou-se:

— Se eu for, o velho chora, eu choro também, e está tudo perdido.

Logo depois, o imperador foi convencido a indicar outro nome para tomar conta do ministério. Para Deodoro, o "antes tarde do que nunca" parecia não valer a pena:

— É tarde, a República já está feita, e o governo, constituído.

A última do Sólon

No dia seguinte, sábado, o governo mandou dom Pedro II chispar do país. A missão de levar a ele essa ordem ficou com o cascateiro major Sólon. Atrapalhado, ele trocou os pés pelas mãos, chamando o imperador de "Excelência, Alteza e Majestade", e pedindo permissão para retirar-se.

Sólon entrega a dom Pedro II a mensagem de despejo à família imperial

BYE-BYE, IMPERADOR

O CARIOCA PEDRO DE ALCÂNTARA tinha apenas cinco anos quando, em 7 de abril de 1831, seu pai, dom Pedro I, deixou o Brasil em suas mãos. Ele virou dom Pedro II.

Com a República, ele e sua família foram expulsos do país.

Nesses dois momentos, separados por 58 anos, uma mesma imagem deve ter ficado na cabeça de dom Pedro II: uma carruagem andando pela noite no Rio de Janeiro.

Quando seu pai voltou para Portugal, políticos e populares chegaram ao palácio residencial da família real e o embarcaram numa dessas. Acompanhado apenas por sua babá, a portuguesa Mariana de Verna, o jovem Pedro nada entendia daquela bagunça toda, aqueles gritos de "viva" do povo. Tudo lhe era assustador.

Em 1889, no domingo de 17 de novembro, ele se apertou com a família na carruagem que o levaria ao porto — de madrugada, pois os republicanos tinham receio de chamar muito a atenção e acabar despertando algum tipo de apoio popular.

Família imperial

O despejo

Era cerca de 1h30 da madrugada quando o tenente-coronel João Nepomuceno de Medeiros Mallet bateu à porta do palácio e mandou acordar toda a família imperial. Ele estava ali em nome do governo provisório e exigiu que o imperador, sua mulher (a imperatriz Tereza Cristina), sua filha (a princesa Isabel), seu genro (o conde D'Eu) e seus quatro netos sumissem do Brasil naquele momento. Chovia no Rio de Janeiro.

Imagine só a cara de sono de dom Pedro II. Ele que, por causa da diabete, já costumava dormir em público — o que lhe rendeu o nada simpático apelido de "Pedro Banana". Coitado do velho.

Embora estivessem com medo de que houvesse um apoio popular à família imperial — por isso decidiram despejá-la de madrugada —, os republicanos justificaram-se afirmando o contrário. Espertinhos, alegavam que, num embarque durante o dia, simpatizantes mais ferrenhos da República xingariam e desrespeitariam a nobreza emperiquitada.

Quem não gostou nada daquilo foi a princesa Isabel. Chorando que nem uma condenada, ela se negava a sair dali sem os filhos — que estavam em Petrópolis, no bem-bom, enviados para lá pelos pais na sexta-feira, para protegê-los de algum tumulto.

O tenente-coronel, que não contava com esse pepino, jurou para a princesa que os meninos seriam trazidos em um trem especial, cheio de seguranças. E que ela poderia ficar tranquila. Mãe é mãe. Mãe nobre deve ser pior ainda. Então é claro que ela não se conformava. Abriu um berreiro só, caiu numa poltrona e lá ficou, feito uma gelatina amarela.

O francês com má fama

Conde D'Eu

Conde D'Eu, o maridão, assumiu a negociação. O francês, cujo nome verdadeiro era Luís Filipe Maria Fernando Gastão de Orléans e Saxe-Coburgo-Gota, tinha má fama na sociedade da época. Era visto como arrogante. Há quem justifique isso com um fato um tanto prosaico: como ele tinha problemas de audição, costumava responder coisas diferentes das que lhe eram perguntadas. Também não pegava bem o seu forte sotaque francês e a suposição de que seria dono de cortiços no Rio, cobrando aluguéis exorbitantes dos pobres. Alguns republicanos chegavam a afirmar, inclusive, que, se não houvesse um golpe contra os monarcas, esse ser humano considerado deplorável por tantos iria se tornar o homem mais poderoso do país, já que sua mulher Isabel era a sucessora do trono.

Enfim, o conde assumiu o controle da bagunça. E, enquanto toda a família real assimilava o choque, sentindo-se expulsa do próprio país, o cara não pensou duas vezes: insinuou que queria uma compensação financeira do governo provisório. Acertaram uma doação de cinco mil contos de réis, boa grana na época.

Ele era mesmo um espertinho

Nesse momento, a República já não era novidade para a família imperial. No mesmo dia, à tarde, o cascateiro major Sólon havia ido até lá dar a notícia oficialmente. Daquele jeitão atrapalhado dele.

Enquanto todos escreviam suas cartas de despedida, chorosos, o espertinho do conde D'Eu teve uma de suas ideias sensacionais:

— Por que não fugimos todos e nos escondemos no navio chileno *Almirante Cochrane*, que está ancorado no porto?

Dom Pedro II ficou fulo. Imagine só, naquela emergência recorrer a estrangeiros. Era o fim da picada. Iria beirar o ridículo.

O sábado da família imperial tinha ido para o beleléu.

Viagens do imperador

Mas voltemos à madrugada. Acertados os pontos da negociação financeira, restava esperar por dom Pedro II, que demorava em se aprontar. Um bom tempo depois, o monarca apareceu no salão do palácio. Estava calmo, vestindo uma alinhada casaca preta, cartola na mão.

— O que é isso? — perguntou. — Então querem que eu embarque a esta hora da noite?

— O governo pede que embarque antes de o dia nascer porque assim convém — respondeu Mallet. Com o perdão do trocadilho infame, o mala da vez para a nobreza brasileira.

O imperador não estava muito bem de saúde. A diabete, doença da qual sofria havia dois anos, fazia com que tivesse lapsos de memória e surtos de irritação.

— Que governo? — perguntou.

Mallet tentou lembrá-lo da República e ouviu o imperador, espantado, resmungar:

— Deodoro está metido nisso?

— Sim, ele é o chefe do governo provisório – afirmou Mallet.

— Então estão todos malucos! — exclamou dom Pedro. — E eu não sou negro fugido; não vou embarcar a esta hora.

Nada parecia dobrar o imperador. Tentaram argumentar, com receio de que houvesse manifestações de radicais ou de estudantes.

— E quem faz caso de estudantes?

Tentaram jogar para o lado sentimental, elogiando a conduta do velho, sempre preocupado com a segurança do povo.

Pelos braços do conde, o imperador vai

Tiros e mais tiros foram ouvidos. Mallet, assustado, foi ver o que era.

Sólon, o grande cascateiro, havia acabado de prender 15 marinheiros que rodeavam o palácio. Achou que os sujeitos estivessem ali para apoiar dom Pedro II.

Quando o tenente-coronel voltou ao salão, todos já estavam prontos para embarcar. Coube ao conde D'Eu a missão de arrastar o imperador, que repetia, rabugento:

— Não sou negro fugido; não embarco a esta hora. Não sou negro fugido.

E se ele morresse afogado?

Quando chegaram ao cais, entraram todos numa lancha do arsenal de Guerra, vigiada por quatro cadetes. Dali foram levados ao cruzador *Parnaíba*, onde esperaram a chegada dos filhos da princesa para só então embarcar no navio *Alagoas*.

Fogo mesmo foi encontrar o danado do *Parnaíba*, com o mar agitado em uma noite escura e chuvosa. Quando acharam, o problema se tornou ainda maior: como empurrar o imperador, velho, cansado e doente, da lancha para o cruzador? A escada que ligava os dois barcos era bem simples, precária.

Mallet pensou que, se dom Pedro II caísse no mar, babau, seria morte na certa.

O tenente-coronel pediu que um cadete o empurrasse enquanto ele empurrava o imperador. Foi assim que conseguiram, a muito custo, embarcá-lo.

De manhã, por volta das 10 horas, os esperados netos de dom Pedro chegaram. Duas horas depois, o *Parnaíba* partiu rumo ao *Alagoas*.

Sentimentos variados

Cada membro da família real parecia sentir de uma maneira a República e a expulsão do país.

— Não pense mal de meu país — dizia Isabel, a quem comentasse do assunto. — Eles estão agindo como num acesso de loucura.

— Mas o que fizemos para ser tratados como criminosos? — perguntava a imperatriz Tereza Cristina.

Com olhar distante, perdido, o imperador apenas repetia:

— Meu maior desejo é ter notícia na Europa de que tudo se passou sem derramamento de sangue.

Pombo-mensageiro

Dom Pedro II passou boa parte da viagem conversando com José Maria Pessoa, o comandante do navio, ou lendo revistas científicas e compêndios de história. Praticamente não falava sobre a República. Continuou escrevendo seus sonetos, que alguém declamava em voz alta aos companheiros de embarcação. O único problema era seu neto preferido, Pedro Augusto. O rapaz tinha surtos de nervosismo, mania de perseguição e insônia. Ofendeu e chegou a tentar estrangular o comandante do navio.

Quando passaram perto do último pedaço de Brasil que podiam avistar, a ilha de Fernando de Noronha, outro neto, Pedro de Alcântara, teve uma ideia:

— Vamos soltar um pombo!

Talvez pelo tédio da viagem, talvez por realmente concordarem, todos toparam. Dom Pedro II pegou um papel e escreveu nele: "Saudades do Brasil". Todos assinaram. O bilhetinho com a mensagem foi amarrado em um pombo.

O que ninguém lembrou é que as aves levadas a bordo, como era de praxe, tinham as asas cortadas. Eram bichos que virariam refeição, afinal.

Coitado do pombo. Caiu no mar e morreu afogado com a mensagem.

FIGURINHAS,

FIGURÕES

E

FIGURAÇAS

MARECHAL DEODORO DA FONSECA, marechal Floriano Peixoto, Benjamin Constant, Quintino Bocaiúva... Difícil a cidade que não tem ruas, avenidas ou praças com esses nomes (eu mesmo já morei em uma rua Benjamin Constant). Vamos situar esses personagens na história. Primeiro, os principais destaques da turma que ganhou. Depois, os derrotados.

A turma dos vencedores

Manoel Deodoro da Fonseca (1827-1892)

Filho mais ilustre de uma tradicional família de militares, o cara era o "bom" dos últimos anos da Monarquia, prestigiado e respeitado pelo Exército e até por dom Pedro II. Seu pai era oficial — participou de uma revolta contra o governo de Alagoas e reformou-se como tenente-coronel —, carreira seguida por todos os seus sete irmãos. Ele e mais seis lutaram na Guerra do Paraguai, sendo que três nela morreram.

Da Proclamação da República participaram cinco sobrinhos de Deodoro, todos oficiais do Exército.

Deodoro voltou da Guerra do Paraguai com o peito cheio de medalhas e condecorações. Esse moral alto transformou-o num dos principais envolvidos na chamada "questão militar" — lembra das três razões por trás do movimento republicano? —, encabeçando a defesa dos interesses de seus colegas fardados.

O marechal viveu um longo casamento — de mais de trinta anos — com Mariana Cecília de Sousa Meireles. Mas, mulherengo incorrigível, nunca deixou de ter seus casos. Dizem as más-línguas que só abaixava a cabeça para suas irmãs Emília e Amélia, que viviam condenando-o por esse jeitão de pegador.

Para conquistar uma mulher, ele guardava a espada e abusava de armas, digamos, literárias. Tinha mania de escrever, com uma caligrafia caprichada, versinhos nos leques das moças das quais estava a fim.

Foi numa dessas que, em uma temporada no Sul, ele se engraçou com a baronesa do Triunfo, uma viúva que dava um belo caldo. Perdeu a batalha, como já contei, e ganhou um desafeto para a vida toda: o senador Silveira Martins.

A disputa teve contornos que parecem ficção tragicômica. Martins tentou impressionar a baronesa e caiu do cavalo, literalmente, em frente à casa dela. Quebrou a perna e ficou mais de um mês sob os cuidados da moça.

Quando a República foi proclamada, o marechal estava de olho em outra viúva, de um rico fazendeiro uruguaio. Eram vistos juntos nas baladinhas da época, os salões de baile.

Em tudo Deodoro parecia manter a pose militar. Inclusive no jeitão de escrever. Ele não economizava palavras difíceis (até para a época) e jamais se rendia às gírias. Em suas cartas ao imperador — nas quais defendia seus coleguinhas militares — escrevia "pundonor", "brio", "hombridade" e por aí vai.

Entre os amigos, dizem que o marechal era mais legal. Tinha fama de bom criador e contador de piadas, além de imitar vozes e trejeitos de outros. Chegou até a redigir um poema satírico chamado "A Guerra do Paraguai por um português".

Vaidoso, gostava de usar joias e exibir suas condecorações militares. No dedo, sempre era visto com um pesado anel de gosto duvidoso. Entre as comendas que trazia no peito, não se cansava de mostrar a Grande Dignatária da Ordem da Rosa, que lhe foi dada pessoalmente por dom Pedro II. Seu prendedor de gravata, chamativo, era de pérola. Os botões nos punhos da farda e a vistosa corrente do relógio de bolso também costumavam, digamos, aparecer mais do que o normal. O marechal perfumava diariamente sua barba com fragrância de violetas.

Seu lado mala, que andava espantando os amigos, vinha quando ele cismava em recitar trechos inteiros de *A arte de amar*, de Ovídio, e das *Bucólicas*, de Virgílio, em latim.

Na época da Proclamação da República, tinha 62 anos.

Benjamin Constant Botelho de Magalhães (1836-1891)

A mente pensante da República, Benjamin Constant era militar e curtia muito o positivismo. Ele dava aulas na Escola Militar. Graças a isso, colocava na cabeça dos jovens militares suas ideias positivistas e republicanas. Não à toa, é considerado o fundador da República. E deve ter uma rua com o nome dele pertinho de você.

O mais engraçado é que ele também foi professor dos netos do imperador. Ensinava matemática para a criançada, mas se demitiu porque não aguentava as malcriações dos moleques.

Quando a República foi proclamada, Benjamin Constant era tenente-coronel.

No governo republicano, foi ministro da Guerra e, depois, ministro da Instrução Pública.

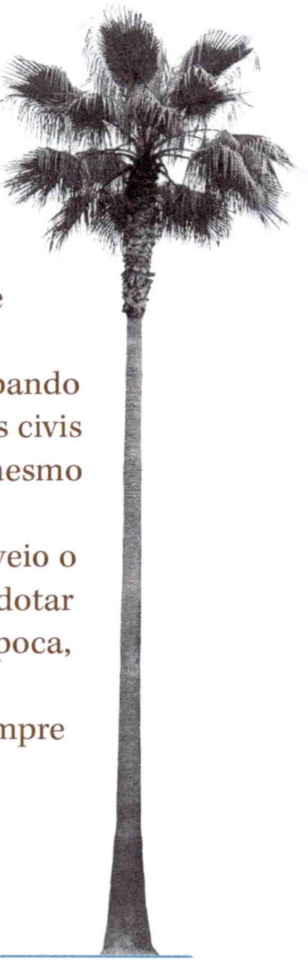

Quintino Antônio Ferreira de Sousa (1836-1912)

O homem que se tornou o primeiro ministro das Relações Exteriores da República era jornalista e foi fundador e dirigente do Partido Republicano.

Na tramoia que acabou derrubando a Monarquia, fez a ponte entre os civis e os militares que jogaram no mesmo time contra a nobreza.

Acabou conhecido como Quintino Bocaiúva. De onde veio o Bocaiúva? Bem, Quintino era tão nacionalista que decidiu adotar o sobrenome só porque a palavra tem origem no tupi. Na época, aliás, escrevia-se Bocayuva — que é um tipo de palmeira.

Trabalhou em diversos jornais ao longo da carreira, sempre defendendo as ideias republicanas.

Floriano Vieira Peixoto (1839-1895)

Lembra do lerdão do dia da Proclamação? Pois o marechal Floriano Peixoto, quem diria, foi o primeiro vice-presidente e o segundo presidente do Brasil.

Nascido em família pobre de Alagoas, mudou-se para o Rio de Janeiro aos 16 anos.

Entrou para a Escola Militar em 1861, dois anos depois de assentar praça. Também estudou Ciências Físicas e Matemática.

Mas tudo indicava que Floriano teria uma carreira simples no Exército, sem ocupar altos cargos nem nada. Sua sorte foi a Guerra do Paraguai. Lá, chegou ao posto de tenente-coronel.

Antes de virar vice do Deodoro, já tinha entrado para a política. Chegou a ser presidente da província de Mato Grosso.

Quando foi presidente do Brasil, recebeu o apelido de "marechal de Ferro" pela maneira enérgica com que combateu as rebeliões dos primeiros anos de República.

Frederico Sólon de Sampaio Ribeiro (1839-1900)

Ah, o cascateiro! Não fosse por sua mentira, provavelmente a República teria ficado um pouquinho para depois. O feriado seria em outra data e tudo poderia ter acontecido de maneira diferente.

Além de sua atuação — quase teatral, digamos — no dia histórico, Sólon também teve um papel importante nos desdobramentos imediatos. Justo ele, que havia recebido das mãos do próprio dom Pedro II uma espada de ouro com o brasão do Império, acabou incumbido de levar à família imperial a notícia de que o novo regime estava implantado e que, portanto, precisariam zarpar do Brasil urgentemente.

Depois? Bom, Sólon virou governador do Mato Grosso, deputado federal e inspetor do Tribunal de Guerra no Pará.

E sabe o que mais? Sogro de Euclides da Cunha. Sim, o jornalista e escritor, autor de *Os sertões*, casou-se com a filha dele, Ana Emília Ribeiro.

José Carlos do Patrocínio (1854-1905)

Filho de um padre com uma escrava, Patrocínio defendeu duas causas durante sua carreira de jornalista, escritor, orador e ativista político (ele também era farmacêutico): o fim da escravidão e a República.

Em relação à esta última, nem sempre foi bem interpretado. Como admirava a princesa Isabel — por ela ter assinado a Lei Áurea —, o cara era visto pelos republicanos como alguém vendido à causa monarquista. Dizem até que a Guarda Negra, organização criada por ele, era utilizada para abafar comícios republicanos.

Vereador no Rio, teve participação praticamente oficial no dia da Proclamação da República.

Depois acabou se desentendendo com os mandachuvas e, em 1892, chegou a ser preso e deportado para o Amazonas por não se dar com o segundo presidente, Floriano Peixoto — que era lerdão e se tornou nervosinho e enérgico, o "marechal de Ferro".

Nos anos seguintes, aquele que é considerado o maior jornalista da abolição passou praticamente em branco. Ficou fascinado pela invenção do momento, o avião, e chegou a iniciar a construção de um dirigível de 45 metros, chamado de *Santa Cruz*. O trambolho nunca ficou pronto.

Em 1905, durante uma homenagem a Alberto Santos-Dumont, fazia um discurso ao inventor quando teve uma crise de hemoptise, sintoma da tuberculose. Acabou morrendo pouco tempo depois.

A trupe dos derrotados

Pedro de Alcântara João Carlos Leopoldo Salvador Bibiano Francisco Xavier de Paula Leocádio Miguel Gabriel Rafael Gonzaga de Bragança e Habsburgo (1825-1891)

Dom Pedro II tinha três apelidos: "rei Caju" – por causa do formato de seu rosto –, "Pedro Banana" e "O Magnânimo" – por perdoar os críticos de seu governo.

Em 1831, quando seu pai, dom Pedro I, deixou o país em suas mãos, ele tinha apenas cinco anos. Sim, cinco aninhos de idade e o título de imperador constitucional e defensor perpétuo do Brasil.

Claro que era um cargo simbólico, já que não seria um pirralho dessa idade que ia mandar alguma coisa. Pela Constituição, foi criada uma regência para tomar conta do país até que o menininho se tornasse maior de idade.

Apesar de todo esse oba-oba e potencial poder, Pedro era uma criança triste. Órfão da mãe desde que tinha pouco mais de um ano de idade, sentiu pra caramba a falta do pai.

Acabou sendo cuidado por duas pessoas: Maria Carlota de Verna Magalhães era como uma segunda mãe. Educou-o e ficou de olho em sua saúde. Seu tutor, por decreto, era o estadista, naturalista e poeta José Bonifácio de Andrada e Silva.

Em 1834, a Regência decidiu mostrar cartão vermelho ao Bonifácio. O novo tutor do imperadorzinho passou a ser o marquês de Itanhaém, Manuel Inácio de Andrade. A preocupação do Mané era dar ao menino uma educação de primeira. Então o entregou aos cuidados dos maiores mestres da época, com uma rígida disciplina.

Já imaginou ter aula até aos domingos? Pedro tinha. Aprendia astronomia, biologia, física, química, geografia, desenho, matemática, várias línguas – aos nove anos, já era fluente em inglês e francês –, caça, dança, equitação, esgrima e música. Madrugava às 6h30, todos os dias, para estudar.

Para brincar, sobravam-lhe apenas duas horas diárias. Ele não tinha Playstation nem Autorama. Ficava em um pequeno jardim, onde colocava um barquinho em um tanque com água para boiar. Também possuía um jogo de cavalinhos, um baralho e um teatrinho.

Enquanto isso, o país estava uma zona. Era rebelião pra tudo que é lado. Isso fez com que a maioridade do nosso amigo Pedro fosse antecipada. Assim, quando ele completou 14 anos, assumiu de vez o governo.

Havia até uma quadrinha popular que ficou conhecida no Rio de Janeiro, na época:

Dom Pedro II aos 12 anos de idade

"Queremos Pedro II
Embora não tenha idade!
A nação dispensa a lei
E viva a maioridade!"

O forte ensino que recebeu transformou-o, mais que em um cê-dê-efe, em um homem extremamente culto. Durante seu governo, protegeu artistas, escritores e cientistas — trocou e-mails, ops!, cartas com vários deles ao longo de sua vida.

Chegado a um naviozinho, viajou pelo mundo todo e trouxe para o Brasil tecnologias modernas, como o telégrafo, o telefone e o selo postal. Nesses passeios, era comum que se encontrasse com os intelectuais que admirava e com quem trocava cartas. Conheceu pessoalmente o filósofo Friedrich Nietzsche — que, impressionado com as barbas do imperador, deve ter pensado: "Meu bigode é maior!" —, o inventor Alexander Graham Bell e os escritores Lewis Carroll, Júlio Verne e Victor Hugo.

Nietzsche

Graham Bell

Lewis Carroll

Júlio Verne

Victor Hugo

Também era ligado nessas coisas de "sustentabilidade" e "aquecimento global", embora ninguém falasse nesses termos ainda. Construiu um jardim botânico em Manaus e reflorestou a Floresta da Tijuca, no Rio, com espécies nativas da mata atlântica — a região estava toda devastada pelas lavouras de café.

Apaixonado pelo universo, amigo do astrônomo Camille Flammarion, decidiu equipar e reorganizar o atual Observatório Nacional. Os jornais da época costumavam tirar um sarrinho dessa sua predileção, publicando caricaturas de dom Pedro II com uma luneta.

Quando Graham Bell demonstrou pela primeira vez o telefone, na exposição de Filadélfia, nos Estados Unidos, em 1876, adivinha só quem estava lá? Sim, nosso imperador nerdão. Há quem jure que ele foi o primeiro cobaia a usar o trambolho. E sua primeira frase teria sido a mais famosa de William Shakespeare: "To be or not to be". Completada por um surpreso: "Essa coisa fala!".

Deu grana para o cientista Louis Pasteur desenvolver suas pesquisas. Fã de arqueologia, visitou as pirâmides do Egito e as ruínas de Troia.

Mas, justiça seja feita, também fez coisas bacanas pelo Brasil. Foi dele o pontapé inicial da industrialização por aqui, ao introduzir o trem. A primeira ferrovia brasileira, chamada de Estrada de Ferro Dom Pedro II, foi renomeada para Central do Brasil após a Proclamação da República.

E sabe essa história de o Brasil ter base no polo Sul? Pedro II financiou a primeira expedição brasileira à Antártida, em 1882. A imprensa, claro, meteu o pau na ideia, achando um absurdo gastar uma dinheirama com algo "sem propósito" assim.

À parte essas peculiaridades um tanto excêntricas, muitos historiadores reconhecem a importância de Pedro II para o Brasil. Há quem afirme que ele conseguiu governar o país com valores de um republicano, minúcia de um burocrata e paixão de um patriota. De quebra, foi um chefe tolerante, dando inacreditável liberdade de expressão ao povo e à imprensa.

Mas, pera lá, falei "valores de um republicano"? Não, juro que não bebi. E como pode um imperador, de coroa, cetro e manto, curtir essa de República? Pois em 1861, Pedro escreveu em seu diário: "Nasci para consagrar-me às letras e às ciências, e, ao ocupar posição política, preferiria a de presidente da República ou ministro à de imperador".

Então por que ele não pegava e proclamava essa República logo de uma vez? Não era melhor do que ter dançado no final, quando os militares mandaram-no, velhinho, embora para a Europa?

Pela sua lógica, ele acreditava que o país precisava passar por uma "fase de preparação", antes da República. Inegavelmente patriota, o primeiro governante brasileiro realmente nascido no país tinha a certeza de que estava fazendo o melhor para o Brasil.

Casado desde 1843 com a napolitana — não a pizza, mas sim nascida em Nápolis, que fica onde hoje é a Itália — Teresa Cristina Maria de Bourbon-Duas Sicílias, Pedro II dava suas escapadinhas. Duas de suas amantes mais conhecidas eram Luísa Margarida Portugal de Barros, a condessa de Barral, e Ana de Villeneuve.

Quando foi expulso do Brasil com sua família, assim que a República foi proclamada, Pedro II deixou o país triste, mas sem ressentimentos. Conta-se que ele formulou à pátria "ardentes votos por sua grandeza e prosperidade".

Mudou-se primeiro para Portugal. Depois viveu em Nice, em uma casa alugada por sua filha, e em Paris, em um hotel de média categoria. Morreu ali, em 1891, de pneumonia seguida pela infecção de uma ferida no pé.

Seu corpo seguiu de trem, de Paris até Lisboa, onde foi enterrado no panteão dos Bragança no convento de São Vicente de Fora. Em 1922, seus restos mortais foram trazidos para o Brasil. Estão em um mausoléu na catedral de Petrópolis, no Rio de Janeiro.

Mausoléu de dom Pedro II, Petrópolis (RJ)

Isabel Cristina Leopoldina Augusta Miguela Gabriela Rafaela Gonzaga de Bragança e Bourbon (1846-1921)

Segunda filha de dom Pedro II, a princesa Isabel acabou se tornando a herdeira do trono porque seus irmãos homens Afonso e Pedro Afonso morreram ainda crianças. O que ela não imaginava é que nunca assumiria o poder.

Para prepará-la para o cargo, o imperador tratou de providenciar professores para a menina. Sua preceptora, por indicação de uma tia, era a condessa do Barral — ela mesma, caro amigo, aquela que o espertinho do dom Pedro II andou pegando depois.

A maior diversão da princesinha era passear em Petrópolis, na residência de verão da família, com sua irmã Leopoldina. Ali andava a cavalo e se deliciava em meio à natureza.

As princesas Leopoldina e Isabel (sentada)

A mesma tia que arrumou a condessa do Barral também providenciou o casório das meninas. Lembre-se de que os casamentos na época eram geralmente armados pela família, principalmente em se tratando de nobreza. A tia mandou vir ao Brasil dois primos, os príncipes Luís Filipe Maria Fernando Gastão de Orléans e Saxe-Coburgo-Gota, o conde D'Eu, e Luís Augusto de Saxe-Coburgo-Gota, o duque de Saxe. O combinado era que o conde se casasse com Leopoldina. A Isabel caberia o duque.

Paço Imperial (RJ), na ocasião do casamento de Isabel, 1864

Aqui chegando, os nobrezinhos decidiram trocar. Em 18 de setembro de 1864, Luís Filipe pediu a mão da princesa Isabel. No mês seguinte, teve o corpo todo. Casaram-se em 15 de outubro e no mesmo dia — ah, a pressa para os finalmentes... — foram para Petrópolis curtir a lua de mel.

Quando dom Pedro II fazia suas viagens pelo mundo, Isabel tomava conta do Brasil. E aproveitava para dar suas canetadas. Assim, na primeira vez que se sentou no trono, com 24 anos, em 1871, assinou a Lei do Ventre Livre — que concedia liberdade aos filhos de escravos. Era o primeiro passo rumo à abolição promovido pela monarca que, pela causa, ficou conhecida como "A Redentora".

Liberal, Isabel ficou amiguinha dos abolicionistas. Eram jovens políticos e artistas — e muitos deles estavam ligados ao movimento republicano. Com o próprio dinheiro, pagava a alforria de escravos e apoiava a comunidade do quilombo do Leblon.

Em 1887, Pedro II foi à Europa para fazer um tratamento de saúde. Era a terceira vez que Isabel assumia o governo.

Com as ideias abolicionistas em alta, Isabel enfrentou forte oposição dos fazendeiros escravocratas. Eles diziam que, se a escravidão acabasse, o Brasil iria à falência. O raciocínio era simples: a mão de obra nas lavouras de café (apesar do começo da imigração italiana) e de açúcar era, na maioria, formada por escravos.

Alguns juristas defendiam que, como o negro era pesado, contado e medido, era propriedade dos seus senhores. E a Constituição garantia o direito à propriedade.

O maridão da princesa, o conde D'Eu, disse a ela que assinar uma lei que abolisse a escravidão seria o fim da Monarquia, já que os fazendeiros ricões iriam fazer de tudo para se vingar. Ela não deu a mínima, fez um "nem te ligo" para o conde e, determinada, resolveu:

— É agora ou nunca!

Estima-se que, nos três séculos em que durou, a escravidão vitimou 12 milhões de negros no Brasil.

Promulgação da Lei Áurea

No dia 13 de maio de 1888, um domingão, Isabel usou uma pena de ouro especialmente feita para o evento e assinou a Lei Áurea. Ao pai, convalescente no Velho Mundo, mandou um bilhetinho:

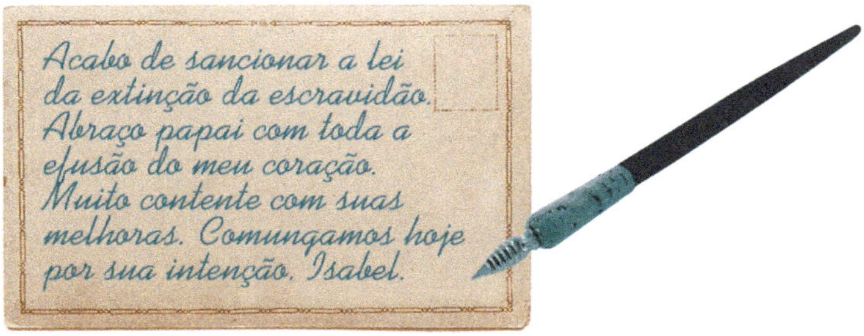
Acabo de sancionar a lei
da extinção da escravidão.
Abraço papai com toda a
efusão do meu coração.
Muito contente com suas
melhoras. Comungamos hoje
por sua intenção. Isabel.

Houve uma festa popular. Em volta do palácio, uma multidão de dez mil pessoas aplaudia a princesa, que apareceu na janela. O mulato José do Patrocínio, vereador, jornalista, escritor e farmacêutico, invadiu a casa da princesa e atirou-se aos pés dela, chorando de emoção.

Católica fervorosa, Isabel recebeu o maior reconhecimento que sequer poderia imaginar: a comenda da Rosa de Ouro, enviada pelo papa Leão XIII pela abolição dos escravos. Trata-se de uma condecoração a um feito que, no entender do papa, mereça a alegria de toda a Igreja. Nenhuma outra pessoa brasileira recebeu a Rosa de Ouro até hoje.

Comenda da Rosa de Ouro

O problema agora seria contornar a raiva dos fazendeiros ricões:

— Vossa Alteza libertou uma raça, mas perdeu o trono — diziam os mais próximos à princesa.

— Mil tronos eu tivesse, mil tronos eu daria para libertar os escravos do Brasil — respondia "A Redentora".

Família imperial

Após a República, quando a família imperial estava exilada, Isabel foi viver no castelo herdado pelo marido, o conde D'Eu, na Normandia. Sua casa virou uma verdadeira "embaixada informal", já que ela costumava receber brasileiros por lá. O inventor Alberto Santos-Dumont, por exemplo, sempre era ajudado pela princesa.

Luís Filipe Maria Fernando Gastão de Orléans e Saxe-Coburgo-Gota (1842-1922)

O conde D'Eu, marido da princesa Isabel, era o típico cara gangorra. Bastava sentar-se na rodinha para que todos os outros se levantassem e fossem embora, sabe?

Tinha fama de arrogante por não responder direito a perguntas que lhe faziam. Entretanto, há quem garanta que isso acontecia somente porque ele tinha probleminhas de audição. O sotaque francês, forte e carregado, também enchia o saco de quem conversava com ele, contribuindo para a má fama.

Outra coisa que pesava contra o nosso nobre Luís Filipe: a imprensa o acusava de ser dono de cortiços, cobrando aluguéis altos de gente pobre. O povão não perdoava.

Essa impopularidade era usada pelos republicanos. Afinal, se a Monarquia continuasse, com a subida de Isabel ao trono, ele seria praticamente o governante do país.

A história do casamento dele com Isabel já contei aqui e não tornarei a repetir. Dizem que ele se decepcionou muito com a, digamos, falta de beleza da princesa que seria sua esposa. Mas, como tratos são tratos, acabou aceitando. E não é que se apaixonou?

Os mais próximos diziam que o carinho manifestado pelo casal era incomum. Não que eles se pegassem em público, mas trocavam olhares, mostravam-se preocupados um com o outro e por aí vai. Em se tratando de nobres com casamento arranjado, não deixava de ser uma "novidade".

E estavam os pombinhos em lua de mel na Europa — depois dos finalmentes acontecidos em Petrópolis, como lhe contei — quando receberam uma carta bem quebra-clima do pai de Isabel, o imperador dom Pedro II.

O velho dizia que forças paraguaias haviam invadido as províncias do Mato Grosso e do Rio Grande do Sul e exigia a volta imediata do genro, para dar uma mãozinha. Eita desmancha-prazeres!

Soldados originários da província do Ceará, Guerra do Paraguai, 1867

Era o começo da Guerra do Paraguai, que teve a atuação do conde D'Eu.

No geral, entretanto, o imperador não deixava o genro meter o bedelho no governo, o que o desagradava profundamente. No começo, o conde tentava: palpitava, comentava e dava conselhos sobre o desenvolvimento do país. O sogro foi perdendo a paciência até que chegaram a ponto de quase pararem de se falar.

Isabel foi a mediadora e fez com que tudo ficasse em paz. O conde D'Eu conformou-se em ser um zero à esquerda. Ele e a esposa passaram a se dedicar a patrocinar óperas e concertos beneficentes, arrecadando dinheiro para instituições sociais e filantrópicas.

Fez várias viagens pelo Brasil. O conde conhecia o país melhor do que qualquer outro da família imperial.

Nos últimos anos antes da República, passou a se dedicar apenas à criação e à educação dos filhos. Era visto pelas ruas do Rio, de casaca e cartola, seguindo um carrinho puxado por carneiros onde iam as crianças. Quando os meninos faziam aulas de ginástica, ele procurava imitá-los. Era tão atrapalhado que, com isso, só alimentava as piadinhas de quem assistia.

Princesa Isabel e conde D'Eu (sentados)

Após a Proclamação da República, passou a viver com a mulher e os filhos no castelo de sua família, na Europa.

Retornou ao Brasil em 1921, já viúvo. Veio acompanhar a repatriação dos restos mortais da família imperial, que hoje estão em um mausoléu na catedral de Petrópolis.

No ano seguinte, morreu. Não em solo brasileiro, mas em mares brasileiros. Ele vinha para as comemorações dos cem anos da Independência e acabou batendo as botas, de causas naturais, no navio *Massilia*.

Affonso Celso de Assis Figueiredo (1836-1912)

Até a República ser proclamada, Figueiredo, o visconde de Ouro Preto, era o bambambã do Brasil. Ele presidiu o último Conselho de Ministros do Império — já tinha sido ministro da Marinha e da Fazenda.

Com a queda do regime, acabou preso e exilado.

O visconde era um ferrenho defensor da Monarquia. Foi professor de Direito Civil e Comercial da Faculdade Livre de Ciências Jurídicas e Sociais do Rio de Janeiro, senador por Minas Gerais, secretário de Polícia, inspetor da Tesouraria Provincial, procurador da Fazenda e deputado.

Seu momento mais pitoresco foi quando era senador. Criou um imposto de vinte réis sobre o preço das passagens de bonde e provocou um rebuliço no Rio de Janeiro. O episódio, que aconteceu em janeiro de 1880, ficou conhecido como "Revolta do Vintém".

Mordido de raiva, escreveu uma obra de História sobre os dez primeiros anos da República.

O visconde era como um zagueiro à moda antiga — beque central, saca? —, daqueles que jamais deixavam passar bola e atacante juntos. Ou ficava a bola, ou ficava o atacante. Se preciso fosse, com falta. Foi assim, com unhas e dentes, que ele defendeu a Monarquia até os descontos do juiz. No fundo, nem acreditou muito no apito final.

Missa campal em comemoração
à Lei Áurea, 1888

PARA MARCAR A REPÚBLICA

VOCÊ PODE ATÉ NÃO DAR BOLA, mas todo país tem seus símbolos. E entender como eles foram criados e quais as ideias que foram expressas neles é uma maneira de compreender um pouco da história nacional.

Nosso hino tem uma origem engraçada. O autor da música e o autor da letra não eram amiguinhos que faziam dupla. Nunca estiveram juntos para compor nada. Aliás, nunca estiveram juntos, já que o maestro Francisco Manuel da Silva, compositor da música, viveu entre 1795 e 1865, enquanto o letrista, poeta e crítico literário Joaquim Osório Duque Estrada nasceu em 1870 e morreu em 1927. Como explicar a parceria então?

Bom, vamos lá.

Ouviram do Ipiranga...

A música do Hino Nacional foi composta em 1822. Era chamada de Marcha Triunfal e foi feita para comemorar a Independência.

Nos anos seguintes, ficou muito conhecida. Virou um *hit* da época.

Francisco Manuel da Silva

A primeira letra com a qual foi executada era do desembargador e poeta Ovídio Saraiva de Carvalho. Foi cantada pela primeira vez em 13 de abril de 1831, como forma de provocar o ex-imperador dom Pedro I, que deixava o trono brasileiro para voltar a Portugal. Por causa dessa história, a música ficou conhecida como Hino ao Sete de Abril — data em que dom Pedro deixou o país.

Era assim:

Os bronzes da tirania
Já no Brasil não rouquejam;
Os monstros que o escravizavam
Já entre nós não vicejam.

Da Pátria o grito
Eis que se desata
Desde o Amazonas
Até o Prata

Ferrões e grilhões e forcas
D'antemão se preparavam;
Mil planos de proscrição
As mãos dos monstros gizavam

Quando dom Pedro II foi coroado, surgiu nova letra, de autoria desconhecida:

Negar de Pedro as virtudes
Seu talento escurecer
É negar como é sublime
Da bela aurora, o romper

Durante o reinado de Pedro II, o hino nacional era executado em solenidades oficiais em versão somente instrumental.

A letra que todos nós conhecemos só ficou pronta no início do século XX, quando foi realizado um concurso para escolher os melhores versos que se adaptassem à música de Francisco Manuel da Silva.

Venceu o poeta e crítico literário Joaquim Osório Duque Estrada. Em 1922, o presidente Epitácio Pessoa instituiu a canção como hino oficial.

Entre a versão escrita por Duque Estrada e a decretada anos depois, entretanto, houve algumas modificações, sabe-se lá de quem. A seguir, o texto original do poeta. Você é capaz de identificar quais as diferenças?

Ouviram do Ipiranga as margens plácidas
Da Independência o brado retumbante,
E o sol da liberdade, em raios fúlgidos,
Brilhou no céu da pátria nesse instante.

Se o penhor dessa igualdade
Conseguimos conquistar com braço forte,
Pelo amor da liberdade
Desafia o nosso peito a própria morte!

Ó pátria amada,
Idolatrada,
Salve, salve!

Joaquim Osório

Manuscrito do Hino Nacional

Brasil, um sonho intenso, um raio vívido
De amor e de esperança à terra desce.
Escudo em teu céu azul, risonho e límpido,
A imagem do Cruzeiro resplandece.

Gigante pela própria natureza,
És belo, és grande, impávido colosso,
E o teu futuro espelha essa grandeza!

Terra adorada
Entre outras mil,
És tu, Brasil,
Ó pátria amada!
Dos filhos de teu flanco és mãe gentil,
Pátria amada,
Brasil!

Deitado eternamente em berço esplêndido,
Entre as ondas do mar e o céu profundo,
Fulguras, ó Brasil, joia da América
Iluminada ao sol do Novo Mundo!

Do que a terra mais garrida,
Teus risonhos, lindos campos têm mais flores,
"Nossos bosques têm mais vida",
"Nossa vida", no teu seio, "mais amores"!

Ó pátria amada,
Idolatrada,
Salve, salve!

Brasil, seja de amor eterno símbolo
O pavilhão que ostentas estrelado,
E diga o verde-louro dessa flâmula:
— Paz no futuro e glória no passado.

Mas da justiça erguendo a clava forte,
Verás que um filho teu não foge à luta
Nem teme, quem te adora, a própria morte,

Terra adorada
Entre outras mil,
És tu, Brasil,
Ó pátria amada!
Dos filhos de teu flanco és mãe gentil,
Pátria amada,
Brasil!

Conhece o Hino da Proclamação da República?

A história é a seguinte. Após a Proclamação da República, os novos governantes resolveram que seria legal mudar também o Hino Nacional — meio que para zerar tudo, simbolicamente, ou alguma coisa do tipo.

Abriram um concurso.

A música vencedora foi a de Leopoldo Américo Miguez (1850-1902), compositor, violinista e maestro brasileiro. Ele tinha estudado na Europa, era um músico respeitado e republicano de carteirinha.

No hino, Miguez fez parceria com José Joaquim de Campos da Costa de Medeiros e Albuquerque (1867-1934), autor da letra. Ele era funcionário público, jornalista, professor, político, contista, poeta, orador, romancista, teatrólogo, ensaísta e (ufa!) memorialista.

Como livro de papel ainda não toca música, veja só a letra aí a seguir. Tente assobiar uma melodia.

Seja um pálio de luz desdobrado,
Sob a larga amplidão destes céus.
Este canto rebel, que o passado
Vem remir dos mais torpes labéus!

Seja um hino de glória que fale
De esperanças de um novo porvir!
Com visões de triunfos embale
Quem por ele lutando surgir!

Liberdade! Liberdade!
Abre as asas sobre nós,
Das lutas na tempestade
Dá que ouçamos tua voz.

Nós nem cremos que escravos outrora
Tenha havido em tão nobre país...
Hoje o rubro lampejo da aurora
Acha irmãos, não tiranos hostis.

Somos todos iguais! Ao futuro
Saberemos, unidos, levar
Nosso augusto estandarte que, puro,
Brilha, ovante, da pátria no altar!

Liberdade! Liberdade!
Abre as asas sobre nós,
Das lutas na tempestade
Dá que ouçamos tua voz.

Se é mister que de peitos valentes
Haja sangue em nosso pendão,
Sangue vivo do herói Tiradentes
Batizou este audaz pavilhão.

Mensageiro de paz, paz queremos,
É de amor nossa força e poder,
Mas da guerra, nos transes supremos
Heis de ver-nos lutar e vencer!

Liberdade! Liberdade!
Abre as asas sobre nós,
Das lutas na tempestade
Dá que ouçamos tua voz.

Do Ipiranga é preciso que o brado
Seja um grito soberbo de fé!
O Brasil já surgiu libertado,
Sobre as púrpuras régias de pé.

Eia, pois, brasileiros avante!
Verdes louros colhamos loução!
Seja o nosso país triunfante,
Livre terra de livres irmãos!

Liberdade! Liberdade!
Abre as asas sobre nós,
Das lutas na tempestade
Dá que ouçamos tua voz.

Mas o povo não gostou muito da ideia de trocar o Hino Nacional. A pressão fez com que o presidente, Deodoro da Fonseca, deixasse para lá essa história. A composição de Francisco Manuel da Silva continuou sendo oficial.

E, para não ficar chato com a coitada da dupla vencedora do concurso, a canção de Miguez e Albuquerque se tornou o Hino à Proclamação da República. Conhecidíssimo por todos, não é mesmo? (Concordem, por favor!)

Essa decisão do presidente foi publicada no *Diário Oficial* de 21 de janeiro de 1890.

O lábaro que ostentas estrelado...

Sabe a bandeira dos Estados Unidos?

Pois por pouco, muito pouco, a bandeira brasileira não ficou sendo uma versão verde e amarela dela.

Os republicanos pagavam muito pau para os Estados Unidos, que desde o século XVIII já era uma nação independente e republicana. Um exemplo de ideais iluministas, com equilíbrio dos três poderes (Executivo, Legislativo e Judiciário) e direitos básicos de liberdade.

Então, logo em seguida à Proclamação da República, o advogado Rui Barbosa propôs um novo desenho (a segunda bandeira, no *box* ao lado).

Ela foi hasteada na redação do jornal *A Cidade do Rio* e no navio *Alagoas*, que levou a família imperial ao exílio.

Após quatro dias, o presidente Deodoro da Fonseca disse que não iria rolar essa não. O cara, que era amiguinho de dom Pedro II, decidiu que a nova bandeira deveria homenagear a imperial.

Como manda quem pode e obedece quem tem juízo, nossa bandeira ficou mesmo semelhante ao modelo do segundo reinado.

A ideia da atual bandeira foi concretizada por um grupo do qual faziam parte os positivistas Raimundo Teixeira Mendes e Miguel Lemos, e o professor de astronomia Manuel Pereira Reis. O pintor Décio Vilares foi recrutado para fazer o desenho do círculo azul. Benjamin Constant também deu seus pitacos.

A bandeira adotada em 19 de novembro de 1889 é a mesma hasteada até hoje. Com uma pequena diferença: como cada estrela representa um estado, foram acrescentadas outras à medida que os demais surgiram.

Mas, afinal, essas estrelas estão certas?

Sim. O Brasil é o único país cujo desenho da bandeira respeita a posição astronômica das estrelas.

Bandeiras do Brasil

Bandeira do Império do Brasil

15 a 19 de novembro de 1889

19 de novembro de 1889

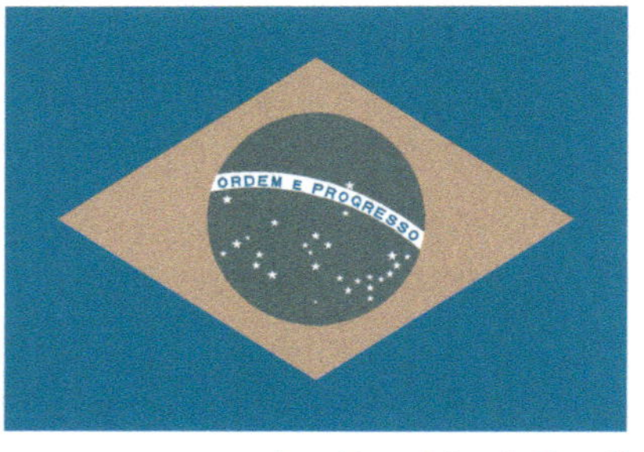

Atual bandeira do Brasil

Cada uma delas representa um estado da federação. Elas estão posicionadas de acordo com o céu carioca no dia 15 de novembro de 1889.

Veja na página seguinte qual estrela é o seu estado.

A frase "Ordem e progresso", escrita na cor verde, foi colocada por influência dos positivistas. O lema deles era "O amor por princípio, a ordem por base, o progresso por fim". Deram uma simplificada e ficou como ficou.

Nos primeiros anos da República ninguém levava muito a sério isso de padronizar a bandeira. Circulavam pelo país variações da que se tornou oficial e mesmo versões completamente diferentes.

Foram apresentados outros projetos também. Um deles, criação do escritor e gramático Júlio César Ribeiro Vaughan, acabou se tornando a bandeira oficial do estado de São Paulo. Ele teve a ideia ainda antes da República, logo após a abolição dos escravos.

As cores vermelha, preta e branca apaceram em outros projetos. A ideia era mostrar os três povos que formaram o Brasil: o índio americano, o branco europeu e o negro africano.

Bandeira do estado de São Paulo

A evolução das estrelas

De 1889 a 1960: **21 estrelas**

De 1960 a 1968: **22 estrelas**

De 1968 a 1992: **23 estrelas**

Desde 1992: **27 estrelas**

AS ESTRELAS DA BANDEIRA BRASILEIRA

1 – PARÁ
Spica (Alfa de Virgem)

2 – AMAZONAS
Prócion (Alfa do Cão Menor)

3 – MATO GROSSO DO SUL
Alphard (Alfa da Hidra Fêmea)

4 – RONDÔNIA
Muliphem (Gama do Cão Maior)

5 – MATO GROSSO
Sirius (Alfa do Cão Maior)

6 – RORAIMA
Wezen (Delta do Cão Maior)

7 – AMAPÁ
Mirzam (Beta do Cão Maior)

8 – TOCANTINS
Adhara (Épsilon do Cão Maior)

9 – GOIÁS
Canopus (Alfa de Carina)

10 – BAHIA
Gracrux (Gama do Cruzeiro do Sul)

11 – MINAS GERAIS
Pálida (Delta do Cruzeiro do Sul)

12 – ESPÍRITO SANTO
Intrometida (Épsilon do Cruzeiro do Sul)

13 – SÃO PAULO
Acrux (Alfa do Cruzeiro do Sul)

14 – ACRE
Gama da Hidra Fêmea

15 – PIAUÍ
Antares (Alfa do Escorpião)

16 – MARANHÃO
Graffias (Beta do Escorpião)

17 – CEARÁ
Wei (Épsilon do Escorpião)

18 – RIO GRANDE DO NORTE
Shaula (Lambda do Escorpião)

19 – PARAÍBA
Girtab (Capa do Escorpião)

20 – PERNAMBUCO
Miu do Escorpião

21 – ALAGOAS
Sargas (Teta do Escorpião)

22 – SERGIPE
Iota do Escorpião

23 – SANTA CATARINA
Beta do Triângulo Austral

24 – RIO GRANDE DO SUL
Atria (Alfa do Triângulo Austral)

25 – PARANÁ
Gama do Triângulo Austral

26 – RIO DE JANEIRO
Mimosa (Beta do Cruzeiro do Sul)

27 – BRASÍLIA – DF
Sigma do Oitante

Constituição republicana

O Brasil está em sua oitava Constituição – a que vale hoje é de 1988.

Antes: sabe o que é Constituição? Também chamada de "Carta Magna", é a lei fundamental de um país. Nela estão as normas de formação e organização dos poderes, forma de governo, distribuição de competências, direitos e deveres dos cidadãos.

A primeira Constituição republicana só veio em 1891, depois de um ano de negociações. Seus principais autores foram Prudente de Morais e Rui Barbosa.

Já falei que os caras eram amarradões nos Estados Unidos, né? Pois bem, a nossa "Carta Magna" foi muito inspirada na norte-americana. Isso significa que os poderes eram descentralizados e os municípios e estados tinham muita autonomia.

Mas vamos logo aos principais pontos do documento:

- Fim de todas as instituições monárquicas. Xô, nobreza!
- O sistema de governo era o presidencialismo.
- Sem essa de só sair quando morrer: senador deixou de ser cargo vitalício.
- Eram eleitores os homens maiores de 21 anos, desde que não fossem analfabetos, mendigos, soldados e religiosos sujeitos ao voto de obediência. Ah, sim, mulher não votava, não.
- O voto não era secreto.
- Sistema de três poderes (Executivo, Legislativo e Judiciário).
- O Estado se tornou laico, ou seja, a Igreja Católica deixou oficialmente de fazer parte dele.

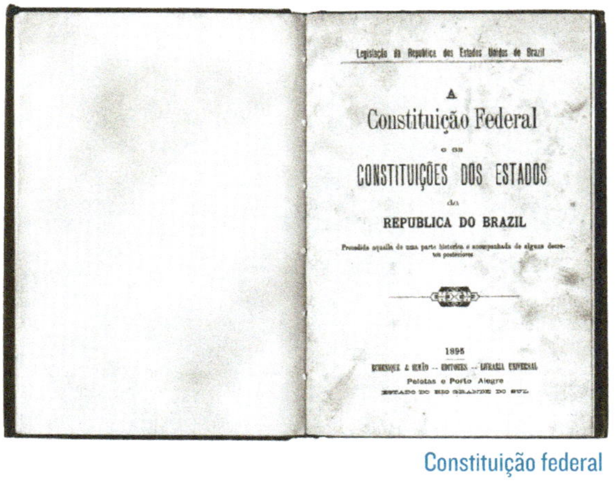

Constituição federal

Você já foi a um museu?

Se não foi, não sabe o que está perdendo. Ver velharias é um jeito sensacional de viajar no tempo. Boa parte do que você acabou de ler aqui pode ser entendido por meio de objetos que, conservados, estão em exposição em museus bacanas.

Há muitos espalhados pelo país. Alguns são especializados em determinadas épocas ou temas. Outros, mais abrangentes, acabam tendo um pouco de tudo. Todos têm sua graça, garanto!

Convide seus pais ou seus amigos e vá a um deles.

Vou recomendar dois:

Sobre o tema deste livro, imperdível é o Museu da República. Fica no Rio de Janeiro, no Palácio do Catete, que foi sede presidencial de 1897 a 1960. Quando a capital foi transferida para Brasília, o presidente Juscelino Kubitscheck transformou o prédio em um museu.

Dá para ter uma ideia do que rola lá acessando o site www.museudarepublica.org.br, que também ensina como chegar, informa preço e coisas assim.

Para quem mora ou está passeando em São Paulo, a dica é o tradicional Museu do Ipiranga — que na verdade se chama Museu Paulista da Universidade de São Paulo.

Seu acervo tem mais de 125 mil artigos. O forte é a época da Independência do Brasil, mas dá bem para ver as mudanças da sociedade de lá para cá — há carruagens, armas e roupas usadas pelos contemporâneos de dom Pedro I e até cachos dos cabelos da princesa Isabel. O site, com as informações úteis, é www.mp.usp.br.

Museu da República (RJ)

REFERÊNCIAS BIBLIOGRÁFICAS

Livros

A VIDA cotidiana no Brasil moderno. Rio de Janeiro: Centro da Memória da Eletricidade no Brasil, 2001.

BUENO, Eduardo. *Brasil: uma história*. São Paulo: Ática, 2002.

CASALECCHI, José Enio. *A Proclamação da República*. São Paulo: Brasiliense, 1981.

CORRÊA DO LAGO, Bia; CORRÊA DO LAGO, Pedro. *Brasil relembrado: os fotógrafos do Império*. Rio de Janeiro: Capivara, 2005.

GOMES, Laurentino. *1808*. São Paulo: Planeta, 2007.

PÁGINAS da História. São Paulo: O Estado de S. Paulo, 2000.

Jornais e revistas

1808: este é o homem. *Veja*, São Paulo, 12 de março de 2008.

CORAÇÃO de presidente. *Veja*, São Paulo, 14 de novembro de 2007.

DEMOCRACIA sem povo. *Veja*, São Paulo, 15 de novembro de 1989.

REPÚBLICA. *Veja Edição Especial*. São Paulo, 20 de setembro de 1989.

VIVA a República. *A Província de São Paulo*, São Paulo, 16 de novembro de 1889.